教育の泉 9

『活用』の授業で鍛える国語学力

～単元・本時デザインの
　具体的方法～

勝見　健史 著

はじめに

　言葉はその人の思考の表れです。自分を取り巻く環境（ひと・もの・こと）を認知し、それらとつながりながら〈わたし〉らしく生きていくために、言葉は必要不可欠な道具であるといえます。今回の学習指導要領では、子どもたちが言葉を駆使して、他者とつながりながらさまざまな局面を解決していく学びのあり方が問われているのです。

　本書には、授業づくりの「不易」（これまで大切にしてきたこと）と「流行」（現在、そして今後、特に大切にしていく必要があること）が書かれています。

　特に、国語科において、教室でどのような授業を実践することが求められるのかということを、「活用」の学習としての授業のすがたに着目して、若い先生方にも理解しやすいようにできるだけ分かりやすく解説しました。そもそも「活用」の学習とは何なのか（第Ⅰ章）、「単元」（第Ⅱ章）と「本時」（第Ⅲ章）の視点から「活用」の授業をどのように具現化するのか、さらに、今後の国語科の授業づくりの可能性をどう考えるのか（第Ⅳ章）について、読者の皆さんの問題意識のあるところから読み深めていただければ幸いに思います。

　なお、本書で「デザイン」という文言を用いているのは、日々の授業においては、先生方が子どものすがたと真摯に向き合い、時に状況に応じて活動を柔軟に修正しながら、価値ある学びが生まれるように実践を更新することが大切だという立場に立つからです。私が願う授業像は、子どもにとっても教師にとっても心躍らせる魅力的な言語活動の中で、子どもと教師が一緒になって「質」の高い言語活動を意欲的に創り上げていくすがたです。

　本書を手がかりに、読者の皆さんが新たな授業のすがたを具体的にイメージし、教室の子どもたちと実践化を進めていかれることを願っています。

勝見　健史

CONTENTS

はじめに ……………………………………………………………………… 3

第Ⅰ章 これからの社会で求められる言葉の力

1 「言葉の力」とは―母語で思考するということ― …………………… 8
2 「知識基盤社会」を生きていくために ………………………………… 10
3 全国学力・学習状況調査B問題に見る授業のすがた ………………… 13

第Ⅱ章 単元をどうデザインするか

1 「input→思考・判断→output」の活動展開に ……………………… 20
2 単元を貫く一連の言語活動が、
　子どもにとって魅力あるものになっていますか ……………………… 22
3 「精読＋発信」の展開にとどまっていませんか ……………………… 25
4 第一次、第二次、第三次が連動する単元展開に
　―自覚的な言語運用をめざす単元デザイン― ………………………… 27
5 言語活動（1）と指導事項（2）の関係で単元構成が考えられていますか … 29
6 outputのための条件を意識させよう―再構成してリライトする活動― … 31
7 単元末の成果物を教師が具体的にイメージしていますか …………… 33
8 子どもが単元全体の流れを見通せる手立てがなされていますか
　―学びの位置と意味の可視化― ………………………………………… 35
9 教科書教材を「手段」となる共通モデル教材として位置付けよう … 37
10 具体的な視点や方法を示した「学習のてびき」を
　―自分でできるようになるためのいざない― ………………………… 39
11 子ども自身が読書生活を見つめるきっかけとなる単元に …………… 43
12 単元過程で子どものメタ思考を促そう
　―自覚的な言語運用力を育てる― ……………………………………… 45
13 言語活動をどのように評価するか　―「量」ではなく「質」を評価する― … 49
14 「結果の評価」をどのように行うか　―単元末の成果物をどうみるか― … 51

15 「過程の評価」をどのように行うか ―本時の評価規準で思考の質を問う― … 53
16 成果物を教師間で見合うことを通して単元を更新しよう … 59
17 掲示の仕方を見直そう ―何を思考・判断してきた結果の表現か― … 63
18 授業事後研究会で言語活動の「質」を吟味しよう
　―授業の文脈の中で起きた事実を解釈し合う― … 66
19 全ての「読む」単元を「関係付ける思考」としてとらえよう
　―テキストの内側と外側から― … 74

第Ⅲ章　本時をどうデザインするか

1 言語活動の「質」を問う45分間 … 78
2 言語活動の「質」を問う教師の授業力 … 80
　―子どもの思考の〈ずれ〉に着目する教師―
　(1)発問　(2)ひとり学び　(3)机間指導　(4)言葉かけ(評価言)
　(5)かかわりの組織　(6)「授業の山場」と教師の出場(でば)　(7)板書

第Ⅳ章　教科共通の思考力を育てる

(1) 教科共通の思考力の存在に着目する … 98
(2) 問題解決の過程で必要となる思考を埋め込む … 101
(3) 思考を促すための具体的な働きかけを考える … 103
(4) 「21世紀型能力」の育成に向けて ―教科を越えた汎用的な能力― … 105

◆付録　国語科「活用」の学習【実現に向けたチェックシート・単元編】… 106
◆付録　国語科「活用」の学習【実現に向けたチェックシート・本時編】… 108

おわりに … 110

第Ⅰ章
これからの社会で求められる言葉の力

1 「言葉の力」とは ー母語で思考するということー

　今回の学習指導要領（平成20年度告示。小学校は平成23年度、中学校は平成24年度から実施）においては、「言語力の育成」が大きなスローガンとして焦点化されました。そもそも、この「言語力（以下、本書では言葉の力という。）」に光が当てられたのは、平成14年の文化審議会答申における「国語力」の重要性の指摘に遡ります。ここでいう「国語力」とは「国語科の学力」といった矮小化したとらえではなく、「国語＝母語」という視座に立つものです。

　母語とは、「その共同体の大多数にとって唯一の言語体系」のことを意味するものであり、その共同体の人々は母語を用いて言語生活を営み、言語文化を築いていくのです。子どもは誕生後、前言語段階として感情発露的な言葉（「ウー」「バブバブ」等の言葉にならない言葉）を発する時期を経ます。この時期には母語としての体系に基づいた言葉は発せられませんが、子ども自身の感情に根ざして発声されていることは間違いありません。したがって、この時期に身近な大人たちが笑顔で「そうなんだね」「よかったね」と受け止めてやることも大切な過程だといえます。その後、2歳頃になると「これ、なあに？」という問い等が言葉でできるようになり、思考が言語的になっていきます。そして、さらに成長していく過程で言葉が知的活動に加わり、周囲の環境との相互関係の媒介の道具として言葉が機能するようになっていきます。つまり、注意、思考、記憶、想像、意志などの精神活動と言葉が密接に連動しながら日常生活を送るようになるのです。

　このように、人は乳幼児期から周囲の人の用いる言葉を耳にしながら少しずつそれに習熟し、言葉によって周囲の人との相互活動を徐々に発達させていきます。人は母語の体系を通じて自らの感性や認識、思考や判断の基盤を形成していくのです。言い換えれば、感覚された事象がカテゴリー化、概念化されることによってはじめて認識が成立し、カテゴリー化、概念化を行う基盤となるものが母語としての言葉となるということです。すなわち、言葉はその人の「思考の表れ」なのです。

　このような視点から考えれば、例えば、語彙が豊富になるということは、繊細な思考をする豊富なレパートリーを持つということです。雪の世界に暮らす

エスキモーは「雪」の名前を数多く持っているのと同様に、四季の中で暮らす私たちも「雨」「風」「雪」などの名前を数多く持っているならば、暮らしのさまざまな場面で、それらの中から適切な名前を選び、使いこなしているはずです。多様な語彙や表現の繊細な差異を知ることは、本来、テストで高得点を取るためでもなく進学の手段でもありません。今々の自分自身の感覚を、的確に表現するための蓄積としてどのような多彩な語彙が存在するのか、そしてそれらを、状況に応じてどのように使いこなすのかを学んでいるということなのです。つまり、私たちは一つ一つの言葉のカバーする範囲を知ることで、「わたし」の感覚や思考を、母語によって丁寧に、的確に言語化しているのです。

一方、最近、言葉を駆使して感動を表現したり、他者との考えの差異を多様な表現を用いて論じようとしたりする機会が少なくなっているようにも思えます。最近の若者は、同質の安全パイの他者とだけつながり、異質な他者との関係を広げることに消極的だといわれます。また、親密なメンバー内では明確な自己表現をすることによる先鋭化を避けようとしているといわれます。ケータイの「圏外」や、LINEの「既読スルー」は、彼らにとって世の中から置き去りになった感覚なのです。また、「うざい」「きもい」など現代の風隠語、「〜的には」「〜とか」など明確な判断を避ける曖昧な表現、「うるせえ」「かんけいねえだろう」など関係を拒否する拒絶の表現等の母語のくずれは、異質な他者を受容し相互交流・相互啓発し合うような関係性を構築することからの逃避であるともいえるでしょう。そんなすがたには、「うざい」の一言で全てを覆い、他者との関係性を一言で遮断する閉塞感と、言葉が「わたし自身」から乖離し、「わたし」を丁寧に表現することのできない道具となって暴走する危うさを感じます。

人は、人生の多様な局面に立ち向かっていくための道具として、言葉の力を駆使します。母語で言葉を駆使する力は、社会のさまざまなコミュニティとより良くつながりながら、生涯を自分らしく幸せに生きていくために不可欠な力であるといえましょう。世の中との「つながり」の中で、自分の考え方や判断の仕方、価値観を言葉で表現しながら、いかに〈わたし〉らしく生きていくのか。そのために私たち教師は、子どもたちの的確で豊かな言語化能力を、社会に出るまでの学校教育で育成する責務があるということではないでしょうか。

〈文献〉
・梶田叡一『新しい学習指導要領の理念と課題』図書文化、2008年
・土井隆義『キャラ化する/される子どもたち―排除型社会における新たな人間像』岩波書店、2009年

2 「知識基盤社会」を生きていくために

　今回の学習指導要領では、言葉の力を育成することがスローガンとして掲げられています。この背景には、OECD（経済協力開発機構）のいう「知識基盤社会（knowledge-based society）」の考え方が強く関係しています。今の子どもたちが大人になった時の社会のすがたは、「あらゆる領域の活動の基盤として知識・情報・技術が飛躍的に重要性を増す社会」であり、何となく「楽しい」「おもしろい」といった感情優先、印象優先な判断だけではうまくやっていけない、物事を判断し行動する際の知識の役割が決定的に重要性を増す時代になるということです。

　ここで曲解してはならないのは、「知識基盤社会」とは決して、単に「多量の知識を持っていることが大切」という事を意味しているのではありません。そのような再生型の学力ではなく、実際的な場面や複雑な場面で、持っている知識や技能を使えるかどうか、が問われる社会であることを意味するものなのです。言い換えれば、「知識基盤社会」を標榜する学力観は、「人は、有意味かつ目的的な文脈（context）の中で、既知の事柄と学ぼうとしている事柄を結合することによって学習する」という「構成主義」の考え方が重視されているということです。それは、同じくOECDの主張する、これからの時代を生きていくために必要な能力「キー・コンピテンシー」における「道具（知識・言葉・情報etc.）を相互作用的に用いる」能力とつながるものです。例えば、「言葉」という道具は、人や対象との関係の中で用いて初めて意味が生まれるものであり、それ自体を多量に持っているだけでは意味を持つものではない、ということです。

　このように、わが国の今回の学習指導要領は、従前の「生きる力」の考え方を、今後の知識基盤社会に求められる能力「実際的な場面や複雑な場面で、持っている多様な知識や技能を駆使し、状況局面を打開できるかどうか」と関係付けた考え方の上に立って改訂されたものであるといえます。

　さて、これからの世の中に求められる学力を考える上で、これまでのわが国の教育が重視してきた「学力」がどのような変遷を辿ってきたかについて概観を把握しておきましょう。

　戦後のわが国の教育は、「学問の系統重視」と「子どもの経験重視」の二つの

軸をふりこのように揺れながら歩んできました（図1）。そして、時代が進む過程で、「学力」をどのように考えるのかにかかわる論議が、戦後主として三回見出されます（図2）。それぞれの時点での論議は、その時々の時代の背景やそこで求められる子どもの学びのすがたから、必然としてなされたものです。

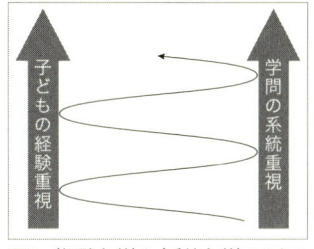

図1 〈経験主義〉と〈系統主義〉のふりこ

例えば、1989年に生活科、1998年に総合的な学習の時間が創設され、「子どもの経験」が重視される一方、「ゆとり」が「緩み」と曲解された実践が表面化し、「分数ができない大学生」に代表されるような子どもの学力低下がマスコミで取り上げられるようになりました。同じ時期、国際学力調査の順位降下から「読解力低下」についても盛んに取り上げられ、まさにこの時期に、戦後三度目となる子どもの学力低下論争が巻き起こったのです。

しかし、今回の2008年改訂の学習指導要領において重要な点は、再び「子どもの経験重視」から「学問の系統重視」へという二律背反的な反動で改訂されたのではないということです。

①1950年前後：「基礎学力低下問題」
→1947年版学習指導要領。アメリカ経験主義。
→学力調査「読・書・算」の結果。「新学力」を「旧学力」で測定。
……新教育「経験主義」から「知識主義」へ

②1970年代：「落ちこぼれ問題」
→1968年版学習指導要領。高度成長。産業界の要請。学歴。
→教育の現代化・学習内容の高度化。学力格差。受験準備的。
→歪んだ学力・病める学力「できるけれども分からない」
……「詰め込み」の反省「ゆとり教育」へ

③1999年以降：「学力低下問題」
→2000年版学習指導要領。「分数ができない大学生」。
→学力格差「ふたこぶ」。国際学力調査。学習意欲の喪失。
……「ゆとり」「総合学習」批判、知的主義教育へ再転換か？

図2 戦後の学力低下の3つの波

学習指導要領作成の根本的な考え方を論議した中央教育審議会の初等中等教育分科会教育課程部会「審議経過報告」答申では、「『習得型の教育』と『探究型の教育』については、これを対立的にとらえるのではなく、両者を総合的に育成することが必要」という点が言及されました。つまり、教師主導・習得型・積み上げ獲得型・座学中心といったいわば教師主導で教科の系統を優先する学びと、子どもの主体性・問題解決型・探究型・活動重視・基礎に下りていく学びといったいわば子ども主体で経験を優先する学びの、両方を重視しようとする教育課程であるということです。

この点が、今回の学習指導要領下の「習得の学習」「活用の学習」「探究の学

習」という具体的な授業像として示されたのです。つまり、教科の知識や技能を確実に獲得させることと、その知識や技能を実生活の多様な場面で活用すること、さらに、獲得したさまざまな教科の知識・技能や学びの知恵を駆使して横断的・総合的な課題を探究すること、これら全てをバランス良く教育課程の多様な場

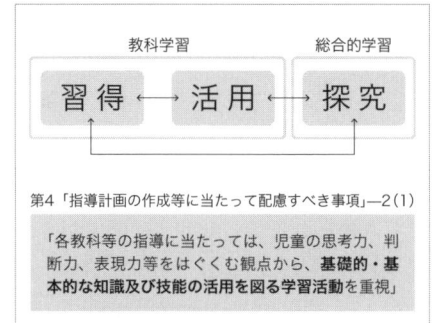

図3 〈習得〉〈活用〉〈探究〉

で教育実践として具現化することが、これからの社会を生きていく子どもにとって必要な力を育てるということなのです（図3）。

とりわけ、「活用の学習」については、2008年の学習指導要領の根拠となる2006年12月に一部改正された学校教育法で、「生涯にわたり学習する基盤が培われるよう、基礎的な知識及び技能を習得させるとともに、これらを活用して課題を解決するために必要な思考力・判断力・表現力その他の能力をはぐくみ、主体的に学習に取り組む態度を養うことに、特に意を用いなければならない（第30条第2項）」と述べられ、単に知識や技能を習得するだけでなく、それらを活用する学習の重要性が焦点化されました。これを受けて、2008年の学習指導要領総則では、「各教科等の指導に当たっては、児童の思考力、判断力、表現力等をはぐくむ観点から、基礎的・基本的な知識及び技能の活用を図る学習活動を重視」と述べられています。

このように、これからの社会を生き抜いていく子どもたちに必要な学力を育てる学校教育においては、百マス計算やドリル学習のような繰り返し学習による狭い意味での習得の学習にとどまるのではなく、「知識基盤社会」の到来を見通した学力観の上に立って、身に付けた教科の知識・技能を実生活の具体的な場面でどのように駆使して局面の解決を図ることができるか、という「活用の学習」も視野に入れた教科指導を行うことが求められているのです。

〈文献〉
・ドミニク・S・ライチェン、ローラ・H・サルガニク編著『キー・コンピテンシー-国際標準の学力をめざして』明石書店、2006年
・和井田清司「戦後『学力問題』の歴史的位相」『学校教育研究　第21号』日本学校教育学会、2006年

3 全国学力・学習状況調査B問題に見る授業のすがた

　これまで述べてきたように、今回の学習指導要領では、全ての教育活動を通して「言葉の力」の育成を図らねばなりません。とりわけ、教科学習では「活用の学習」という新しい授業のすがたにも取り組んでいく必要があります。
　では、国語科において「言葉の力」を育てる「活用の学習」とはどのような授業像としてイメージすればよいのでしょう。ここでは、全国学力・学習状況調査B問題（主として活用に関する問題）の特徴を手がかりに、今後、どの教室でも取り組んでいかねばならない国語科の「活用の学習」のすがたについて、「読むこと」に焦点をあてて具体的に考えてみましょう。

1 何らかの目的・状況・文脈のもとで読んでいる

　B問題の設問の問いをみてみると、「○○さんは・・・・をしようとしています。そこで・・・・を読んで・・・することにしました。後の問いに答えましょう。」という形の一節が設問の冒頭に示されているものが多いことに気付きます。このことは言い換えれば、①「固有の」②「目的的な」③「追究の文脈で」④「目的に向けて読む必然があり」⑤「読み取ったことを目的に合った条件で書きかえる」という特徴が設問に焦点化されているということです。
　例えば、平成20年度のB問題の設問に注目してみましょう。
　「図書委員の木村さんたちは、学校のみんなが町の図書館をもっと利用するようになればいいと考えています。次は木村さんたちの町にある梅山図書館が市内に配付した『図書館だより』です。よく読んであとの問いに答えましょう。」と長い問いになっています。この長い問いの中には、「誰が」「どんな状況下で」「何の目的で」「何をしようとしているのか」といった具体的な文脈が設定されていることが分かります。従来の読解テストでみられた「次の文章を読んで答えなさい」ではなく、「木村さん」は何者なのか、「梅山図書館」と「木村さん」とはどういう関係か、一体「木村さん」は何をしようというのか、といった具体的な状況設定が把握できなければ、それ以降に問われる小問の理解が難しくなるということです。つまり、ここでは、①図書委員の木村さんが②学校のみんなが梅山市立図書館をもっと利用すればいいと思い③図書館で行われている

行事をみんなに広く伝えるために④「図書館だより」から必要な情報を読み取り⑤案内状の形式で書きかえる、という5つの視点で具体的な状況、読む目的を把握することが重要となります。

同様の特徴は、他にも平成19年のB問題の設問2における、①川本さんの学級で②ゴミを減らす取り組みとして③身近な紙の問題を調べ④資料1（説明文）と資料2（グラフ）を読み⑤新聞の形式にまとめていく、という一連の追究過程や、平成21年のB問題の設問3における、①上野さんの学級で②マナーに関して自分の考えをまとめるために③一冊の本の読後に内容を確かめる④そのために本の「はじめに」と「おわりに」とを合わせて読み⑤筆者の言葉を自分の言葉に書きかえる、という一連の追究過程等にも見出されます。

これらの設問における読みは、従来の国語科指導において行われてきた「内容を正しく読む」「心情を詳細に読む」という読みとは異なり、具体的で固有の状況下で読むというものであり、このようなB問題の設問には、言語能力を活用して解決するべき具体的な目的や状況、すなわち、「何らかの目的に活かすために読む必然」が設定されているという特徴があるということです。

2　設問が一連の追究過程になっている

全国学力・学習状況調査では、問題冒頭の状況・目的設定の大きな設問に続いて示される小問が、「話す」「聞く」「書く」「読む」という言語能力を駆使することで目的を追究する過程となって問われています。例えば、平成21年度の小学校B問題では、「家族の一員としてできることを考えるために、家庭での過ごし方について調べました。」という設定に続けて、「次は、川口さんのグループが集めた資料をもとにした話し合いの様子の一部です。」という設定がされています。また、平成22年度の小学校B問題では、「森内さんの学級では、『つりずきの宇宙人』という物語を読んで、思ったことや考えたことを発表し合うことになりました。」という大問の設定に続いて、「自分の思いや考えをまとめるために登場人物の行動や全体の構成をとらえ発表しました。」と小問が設定されています。これは、設問全体が具体的な目的の実現に向けた一連の追究過程として、話し合うために準備をしたり、読んだことについて整理したり、書いたことについて検討し合ったりという、言語能力が総合的に発揮される過程として問題が作成されているということです。

つまり、大問で言語活動の状況・文脈設定や具体的な目的の存在を把握した上で、設問上の人物がその目的実現に向けて行う多様な活動の意味を、目的との関係で理解する力が問われるのです。これは、「今、何のために読んでいるのか」「目的に対してこのことを話し合っておく必要がある」等をメタ認知する力であるともいえる重要な点です。

3 読んで考えたことを一定の条件でリライトしている

　B問題の特徴として顕著な点は、読んで考えたことを一定の条件の中で書きまとめる活動が重視されているという点です。このような「目的や意図に応じて情報を読み取り、条件に合わせて考えや意見を書くこと」という活動については、全国学力・学習状況調査の結果分析を行った多くの教育委員会から、「十分ではない」という反省が指摘されている部分です。言い換えれば、「思ったことを自由に書きましょう」はともかく、子どもに要件を指定して思考・判断・表現させる学習活動を教室で十分に行ってきたかという問い直しが必要だということです。思考・判断するための条件（例えば、「量的条件（字数・時間等）」や「質的条件（相手・目的・要件等）」が具体的に子ども側に意識されることが、互いの考えを交流し合う場で思考の質を問う尺度となるのです。

　つまり、子どもたちに、目的の実現に向けて「どんな情報を」「どんな分量で」「どのように表現するか」等の具体的な量的・質的条件を自覚させ照合させながら、話し合ったり、再検討したりする教室での授業像がイメージできるのではないでしょうか。

　国語B問題をみてみると、具体的な目的を実現するために、読み取ったことを別の様式で情報を再構成してリライトするという活動が数多く設定されています。例えば、先ほど例示した平成20年度の小学校B問題では、「図書館だより」の情報を「（全校生への）案内状」にリライトする活動、また、平成25年度の小学校B問題では、「グループごとに日本の伝統と文化について調べ、リーフレットにまとめる」活動などが示されています。「AからBへ」という情報のテキスト変換を行う例としては、「文章から読み取ったこと」を、例えば、表、グラフ、関係図、新聞、パンフレット、広告、帯、解説書、書評、キャッチコピー等の多様な様式での再構成、メディア転換する展開が考えられるでしょう。

　このように、読み取った内容をどのように再構成するのかを検討することは、

目的に照らしてどの情報を採用し、どの情報を破棄するのか、そして採用した情報を様式に合った情報量でどのように加工し整えて表現するのか、という思考・判断が求められることになるということです。

4 複数の文章を読み比べて評価している

　また、国語B問題では、複数のテキスト（連続型や非連続型）を比べて読むという設問がよく見られます。「次の文章を読んで答えなさい」で代表されるような、書かれている内容を詳細に正確に読み取る学習活動一辺倒では、子どもたちにはこのような問題を具体的な場面としてイメージすることは難しいでしょう。平成23年度の小学校のB問題では、同一人物を描いた複数の「伝記」を比べ読みしています。とりわけ、この問題では、植村直己の伝記における同じ場面を焦点化して読むことによって、「書き表し方」を比較するための効果的な読みが意識された問いが設定されています。すなわち、平成23年度のこの問題は、「伝記」というジャンルの「書き表し方の特徴」を探る、いわば「ジャンル読み」に該当する問題だといえます。また、平成20年度の小学校B問題でも、同一作者椋鳩十の「大造じいさんとがん」と「母グマ子グマ」の二つの作品を読んで特徴を紹介するという、いわゆる「作者読み」が設定されています。また、平成25年度の小学校B問題では、「新美南吉が書いた『ごんぎつね』を読んだ後、その物語、あるいはそれに関連する本や文章を取り上げてすいせん文を書く」活動において、「花田さんと本間さんのすいせん文を前田さんが比べて読んで、一定の観点から分かったことをノートに整理する活動」が示されており、子どもたちが相互の表現について評価し合う活動が教室で想定されます。

　このように複数の文章を比べて読むことで、書かれている内容や形式について、一歩ひいた視点から高次にテキストの内容や形式について評価するメタ的な批判的思考が行われることになります。いわゆるクリティカル・リーディングです。単独の作品のみを読み深める学習だけではなく、多読型の読解の授業、子どもたちの読書生活の広がりに繋がっていく読解の授業のすがたがイメージできるでしょう。

5 文章だけではない対象(非連続型テキスト)を読んでいる

　平成23年度の中学校国語B問題では、「イソップの話に関する本の表表紙・帯・裏表紙に書かれていることと本の内容とを関係付けて考える」という状況が設定されています。これはいわば、文章の中身を詳細に読むところから始まらない読み、というものです。表表紙や裏表紙、帯、前書きや後書き、目次等の情報から、書かれている内容を推察することは、むしろ私たちの日常生活においてはよくあることでしょう。また、「ちらしに書かれていることを読む」「図書室の案内を読む」「バスケットボールの作戦図を読む」「目覚まし時計を買うためにインターネットの情報を比べる」等の、非連続のテキストの情報を目的に応じて読み取る問題がB問題に多く出題されている点も大きな特徴です。

　B問題は、「獲得した教科の知識や技能が日常生活で活用できるか」という活用の学習の考え方、および、知識基盤社会に必要な能力を標榜したPISA調査の「持っている知識や技能を実際的な場面や複雑な場面で使えるかどうか」を反映したものとして作成されています。したがって、従来の国語科授業で扱われてきた複数の段落で構成された文章の連続型テキストだけではなく、むしろ、図、グラフ、広告、説明書、写真、映像等の日常生活の多様な局面で読み解かねばならない対象となる非連続型テキストも、これからの国語科授業における重要な学習材として検討されることが必要だといえます。

　以上、述べてきたB問題の特徴の把握は、「全国学力学習状況調査で高得点をとる」ことのみを目的にするのではなく、目の前の子どもたちが将来を生きていく上で必要な力を育成するのだという教師としての強い使命感に立つことが大切です。そのためにも、B問題で示されている学力像、学習像を、自らの教室で具現化することが必要です。

　次章からは、「単元」と「本時」に焦点を当てて、具体的に教室でどのような国語科の授業を行うのか、そして、そこでは指導上どのような留意すべき点があるのかについて見ていきたいと思います。

〈文献〉
・拙稿「全国学力・学習状況調査(小学校国語科の問題分析)」『改訂 実践教育評価事典』文溪堂、2010年
・拙論「『PISA型読解力』育成のための複数映像教材の活用方法に関する研究」『教材学研究　第19巻』日本教材学会、2008年

第Ⅱ章

単元をどうデザインするか

▶第Ⅱ章 単元をどうデザインするか

1　「input→思考・判断→output」の活動展開に

　前章で述べてきた全国学力・学習状況調査のB問題から焦点化される「活用」の授業のすがたは、例えば、図1に示すような**「input→思考・判断→output」**の、ひとまとまりの学び（＝単元）としてイメージすることができます。

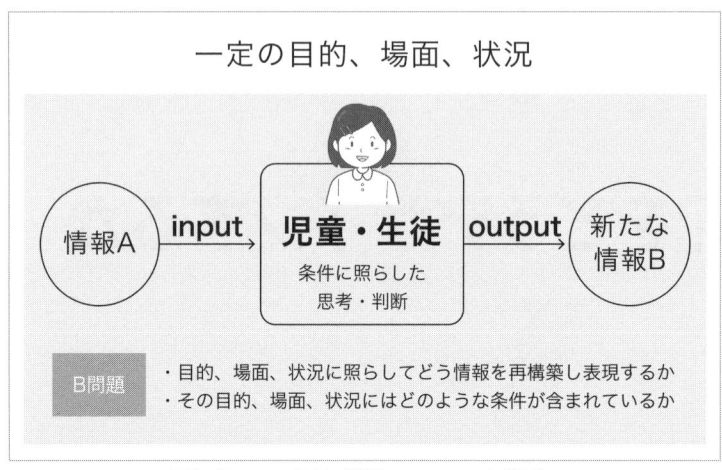

図1　「input→思考・判断→output」を単元に

　すなわち、国語科で求められる「活用」の授業は、次の3つの活動展開を通した子どもの主体的な追究の場を教師がデザインすることで具現化することができます。

> ①目的や条件に応じて情報をinput（読む、聞く、見る）する。
> ②目的や条件に照らした情報の吟味・検討（思考・判断）する。
> ③目的・条件に合った形で情報をoutput（書く、話す）する。

　教師は、①②③の一連の課題解決の過程を、ひとまとまりの単元として組織し、授業化を図ることとなります。outputのみに重点が置かれるような、思考無き表層的な伝え合い学習にとどまってはいけません。**一定の目的、場面、状況のもと、inputした情報をどのように再構成する必要があるのか**について一連の追究過程で子どもたちに思考させるのです。

例えば、「自分たちの学校案内を作る」という目的が設定されたとしましょう。「新しく入学してくる1年生」を相手に情報を発信する場合と、「その新入生の保護者の方々」を相手に情報を発信する場合とでは、情報内容の選択と精選にあたって、情報の受け手の立場や求めを想定しながら、異なる判断が求められることになります。新1年生ならば「楽しい遊具」や「おいしい給食」「やさしく面白い先生」などが新1年生に必要な「紹介すべき情報」として選択されることになる一方、相手が保護者の方ならば、「学校の特徴的な行事」や「必要になる文房具」「給食費」などが情報として選択されることになるでしょう。また、同じ「先生」を紹介するにあたっても、新入生に提示する情報とは異なる視点からの情報の構成が求められるという点を、「学校案内」という具体的な様式を伴う表現物を作成する一連の過程で話し合いながら思考・判断していくことになるのです。また同時に、当然のこととして、「案内」という様式における情報構成や表現の特徴について、国語科の学習として学習指導要領の低学年の指導事項に照らして検討することは、言うまでもありません。

このような主体的な追究の場としての単元では、教師からの一問一答の指示でのみ導かれる学習ではなく、追究の目的・状況・文脈の存在が子ども自身に意識されていることが必要です。言い換えれば、**「何のために読むのか」「何のために書くのか」**という自覚のもとで、**適切な言語運用のあり方を仲間と共に検討**し合いながら、言語活動の質を高めようとするすがたを期待することになります。

このように、国語科において「活用」の学習を教室で具現化するには、言語活動を対象化して、**自分の言葉の使い方について自覚的**なものにしなければなりません。そのために、子どもが主体的な追究を進めていく上で、必要な場として、一定の条件について立ち止まって**思考する機会が意図的に設定**されることが求められるのです。

〈文献〉
・拙論「単元全体を一連の言語活動に」『教育フォーラム50』金子書房、2012年

2 単元を貫く一連の言語活動が、子どもにとって魅力あるものになっていますか

「input→思考・判断→output」の学習展開が重要とはいっても、肝心の子どもの側にその必然性が伴っていなければ、学習過程は主体的な学習とは程遠いものになってしまいます。したがって、単元の導入段階で**子どもと言語素材とをどのように出会わせるか**という点が最初の重要なポイントとなります。

第一次の単元の導入段階においては、教師は**目の前の子どもの言語生活や読書生活の実態や特徴をとらえ、それを単元デザインに生かす**ことが大切です。

また、第一次は、単元全体を貫く一連の言語活動の意味や価値を子どもと教師が共有する役割として位置付く点も忘れてはいけません。ここで共有される言語活動が、子どもにとって無意味で単なる苦痛なものにすぎない形で単元が進行することは避けなければならないからです。単元の導入段階で、教師から具体的な**相手意識、状況意識、目的意識**を持ち込み、「入学してくる１年生に○○を知らせておかないと」「○○のためには○○を読む必要があるぞ」「自分なら○○のことを話してみたい」といった現実感・必要感・必然感を醸成することが、子どもの主体的な言語活動の原動力となるでしょう。

子どもたちが「話したい」「聞いてみたい」「書いてみたい」「読む必要がある」と感じて言語活動に主体的にかかわっていく授業を考える手がかりとして、戦後の国語科教師である大村はまが単元学習を通して主張した**「実の場」**の考え方が参考になります。

大村は、国語科学習における「実の場」に関して、例えば次のように述べています。

○「ぜひともこの文を読まなければならない、読めなければあの目標も達せられない、この仕事も進められない、そういう切実な場をとらえて組織し、しらずしらず真剣な学習活動が行われるようにしたい。」

○「文集であるから書くことが大きな部分を占めることは当然であるが、書くことの面で、何よりの価値は、これが新一年生に、本当に読まれ、役立てられることである。実の場である。」

○「一字一句をおろそかにしない読みの力を付けようと願ったら、そうせずに

はいられない場に生徒をおき、速く読む力を付けようと願ったら、速く読まずにいられない場に生徒をおこうとする。」

　このように、大村は、**子どもにとっての言語活動が、そうせずにはいられない切実な場となるものが「実の場」**であり、そのためには、「言語活動が一つの話題を中心にして互いにつらなりあい、呼び出しあっていく国語の教室」であることが大切であるとしています。そして、「勉強ぎらいな──というよりも、勉強の習慣のない、力がなさ過ぎて勉強の楽しみを知らない──そういう子どもたちには『よく読みなさい、何度も読みなさい』『どういうことが書かれているか、考えなさい』『筆者はどういうことを言おうとしていると思いますか』『筆者はどういう気持ちでこれを書いていると思いますか』、このようなことを言ってはだめである。」として、子どもたちが知らず知らず何度も読んでしまうような「実の場」を、ひとまとまりの単元として構成することを重視したのです。

　しかし、曲解してはならないのは、「実の場」とは決して子どもの興味・関心の側に活動を丸投げし、教師が指導せずに放任するような状況をいうのではありません。子どもの方からあたかも興味・関心を高めていったかのように、教師が子どもたちを**学びへいざなう**のです。言い換えれば、「実の場」とは、「読まずにおれない場」「話してみたくなる場」「書く必要がある場」といった子どもにとって価値ある追究の場を、教師が単元に意図的に含み込んでデザインし、子どもをそこに立たせるという教師の指導の行為が伴ってこそ、成立するものといえます。

　さて、単元全体を言語活動が貫く目的的な単元として構成した際、最も難しく、そして魅力的な場が**第一次の第1時間目**だといえるでしょう。「活用」型単元の第一次の第1時間目には、「はい、教科書の○○ページを開きましょう。次は『○○○』のお話の学習です。」と「教材ありき」の問いかけはふさわしくありません。

　かつて私は「図書室改良大作戦」という単元を実践しました。その時勤務した学校の図書室には、本棚の最上段に、ほとんど貸し出しの無い極めて人気のない本が並べられていました。それを子どもたちに見せながら、「あの本たちは、本当につまらない本なのかな…？もしかして見た目が分厚い、難しそう、といった点だけの『食わず嫌い』なんじゃない？」と問いかけました。そして、最上段に並べられている本に「推薦」の帯を作って、その本の魅力を校内に広め

▶第Ⅱ章 単元をどうデザインするか

てみよう、ということを問いかけ、いざなったのです。子どもたちの側から、「じゃあ、どれだけその本の魅力が伝わったかどうか、帯をつけてからの貸し出し数を比べて競争だ!」という声もあがりました。

　ここで競争がふさわしいのかどうかは別として、その時の子どもたちにとっては、「本を読んで推薦する」といった一見難解な学習が、「何とかしてこれらの本を復活させたい」という「実の場」として、「図書室をより魅力的な場所に改良したい」という共通の現実の目的となって意欲を向上させたことは間違いありません。その後は、長年読まれていない本のページが開かれ、「なんだ、これは!」と笑顔で顔をしかめながらも、何とか読んでみよう、話の面白さを読み解きたいという子どもたちの活気ある構えが教室のあちらこちらで見られたのです。

　もちろん、この実践にあたっては、図書室の上段にはどのような本が並んでいるのか、その本は、該当学年の読みの学習としてふさわしいものなのか、また、個々人に好き勝手に本を選ばせるのか、それともあらかじめ最上段から教師が数冊を選んでおいて、それを子どもに提示して分担させるのか、等の**事前の単元の見通しや配慮**がなされることは不可欠であることは言うまでもありません。

　このような単元当初の子どもと教師の共有の場があってこそ、単元全体を通した学習の「勢い」が生まれるのです。**第一次における「読んでみたい」「書いてみたい」「伝える必要がある」という構えの醸成**は、「知らず知らず何度も読んでいる」「必要感の中で何度も書き直している」すがたを生み出します。魅力ある言語活動（単元）と子どもたちとの出会いの瞬間を大切にしたいところです。

〈文献〉
・大村は「虚の場ではなく実の場の学習とは、つまりほんとうに自分の生活目的のために立ち上がっているようなすがたにもっていくということだと思います。」と述べ、国語科単元学習が主体的学習として成立するための「実の場」の必要性について指摘している。詳細については、大村はま『大村はま国語教室・第11巻』筑摩書房、1983年
・大村はま『大村はま国語教室　第1巻』筑摩書房、1982年

3 「精読＋発信」の展開にとどまっていませんか

　言語活動を単元に位置付ける実践において、しばしば見られるのが、例えば従来型の精読をみっちりこなした後の第三次（単元末）に、「紹介」「推薦」等の言語活動として、本の帯作り、パンフレット作り、紙芝居作り、ブックトーク等が位置付く、いわゆる「精読＋発信」の単元です（図2）。

　つまり、第二次の「読む」活動と乖離した形で、必然性なく表現活動が単元末に「くっついて」いる構成です。これでは、子どもにとって「何のために読むのか」「読んだ何を生かして書くのか」の意識無く、**表現活動が子ども側に丸投げされ、言語活動が這い回る**可能性も高くなります。

　例えば、図3のような展開として単元を構成した場合、第三次の「おすすめ」をどの

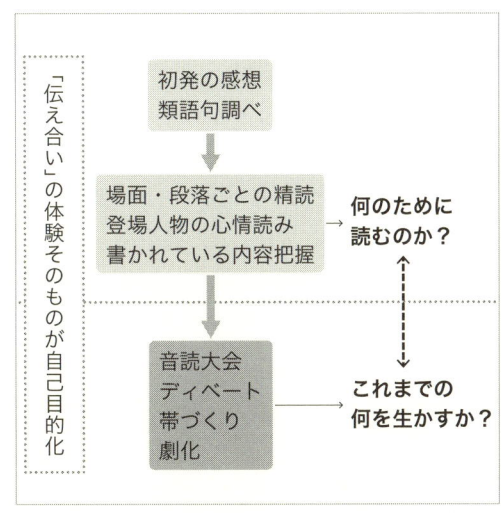

図2　伝え合いの自己目的化〈精読＋発信で疲弊〉

ように読み取れば良いのか、また、『大造じいさんとがん』という特質を持つ物語の場合の「おすすめのしどころ」は何なのか、さらに、本の帯に『おすすめ』を含めるとはどういうことなのか、おすすめの書き方はどうすればよいのか、といった活動のつながりと見通しの中で第二次が行われる活動内容になっていない点が大きな問題点となります。

　このような第二次では、従来の三読法による「『大造じいさんとがん』を学

　第一次　『大造じいさんとがん』を読んで初発の感想を書く、難語句調べ
　第二次　場面ごとに大造じいさんと残雪の心情を詳細に読み取る
　第三次　この物語のおすすめの点を本の帯として書く

図3　「精読＋発信」型の単元構成例

▶第Ⅱ章 単元をどうデザインするか

ぶ」活動内容となりますが、第三次の「おすすめの点を本の帯に書く」ための第二次であるとすれば、**「『大造じいさんとがん』で学ぶ」**ことになります。すなわち、**「書くために読む」**扱いが求められることになり、「おすすめを書く」という目的において、『大造じいさんとがん』は一つのモデル教材となって提示され、その読みによって「おすすめを取り出す視点や読み取り方」や「読み取ったことをおすすめとしてまとめる書き方」を学ぶことになるのです。

したがって、第三次の「帯におすすめを書く」活動では、第二次の学びが生かされることになり、子どもたちにとっては「『大造じいさんとがん』という物語を学んだ」という意識より、「おすすめ（紹介）の仕方（読み方、書き方）を学んだ」という意識になるということです。すなわち、「推薦」の様式を学ぶのです。一方、前ページ図2の単元展開では、「帯でおすすめを書く」という活動だけが第二次と乖離して独立し、第三次になって再度一からの読み直しを図ったり、子どもの側に放任された勝手な「おすすめ」の内容や表現になってしまったりという状況に陥り、いたずらに時間数が増大してしまうことは避けられないことになってしまいます。

このようなoutputにのみ目を向けた表層的な伝え合いの授業は、子どもの思考力を鍛えるものにはなりません。国語科における「思考・判断・表現」の能力の育成においては、「読む」「聞く」によってinputされた情報が、目的に応じて選択、精選、再構成され「書く」「話す」によってoutputされるという、「input→思考・判断→output」のひとまとまりの単元として構成されることが求められます。したがって、一時間の授業をどのように構成するかという「本時観」だけではなく、「活用」の学習を教室の学びとして実現しようとするならば、各次にどのような役割を持たせるか、**各次間がどのように連動する**かといった**「単元観」**をもつことが不可欠となるのです。

4　第一次、第二次、第三次が連動する単元展開に
―自覚的な言語運用をめざす単元デザイン―

　単元全体を一連の言語活動として構成するにあたっては、各次がそれぞれ別々の活動内容として分断するのではなく、各段階で行っている活動内容が追究活動の過程に位置付くように連動する形で構成することが大切です。それは、単元を「一つのつながり」「一つの流れ」でとらえることであり、国語科において「活用」の学習を実践化する場合、「本時観」「教材観」のみならず**「単元観」「能力観」**が重要となるということです。

　図4は、今、国語科において求められる「活用型」単元の一連の流れを示したものです。

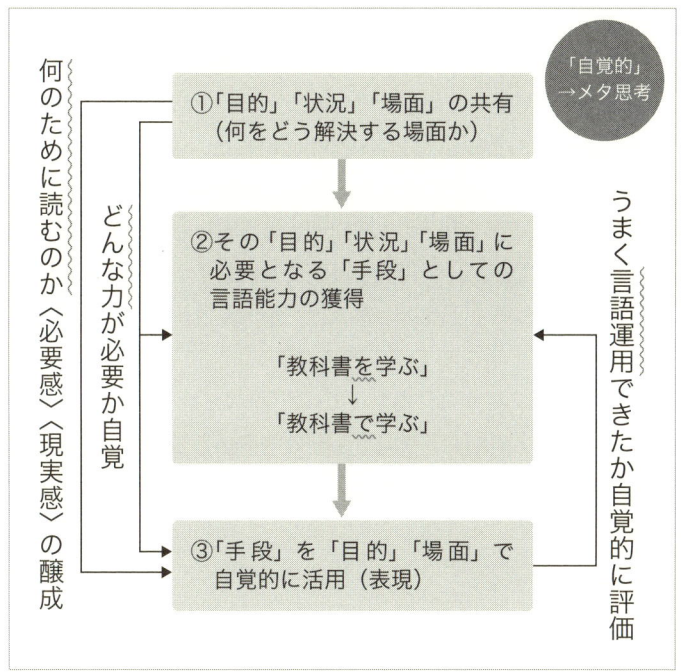

図4　「活用型」単元の流れ―言語活動に必要な言語能力を意識する

　このような一連の展開で大切にすべきことは、**子ども自身が、「今、何のために何をしているのか」ということを意識**して活動しているということです。第

一次では「何のために読むのか（書くのか、話すのか、聞くのか）」「これから どんなことが必要になりそうか」、第二次では「今、学んでいることが目的に活 かせそうか」「今学んでいることを活かすためにはどうすればよいか」、第三次 では「目的実現に際して、学んできたことをうまく使いこなせたか」「学んでき たことを活かせば、さらにこのように修正できる」などの点の自覚です。これ らの振り返りは、いつもその時点から単元全体を見通して行われることが大切 です。

　この点は、まさしく特定の目的や状況に応じて言葉の力を駆使する**「言語運 用力」**を育てていることに他なりません。「運用する」とは、状況や場面、目的、 相手に応じて、「話す」「聞く」「書く」「読む」力を適切に使い分けることがで きるということです。自覚しながら「運用する」場面では、自分自身の状況を モニターし、より良くコントロールする**メタ認知の力**が働かなければなりませ ん。一方、教師側は、今、子どもに自覚的に使いこなさせたい言葉の力は何か、 言い換えれば、「**今、取り組んでいる言語活動に必要な言語能力は何か**」という ことを明確に意識して授業に臨まなければならないということになります。

　したがって、「活用」型の単元を実践するためには、第一に、単元全体を各次 が連動する構成にデザインすること、第二に、単元の過程でいつどのような活 動をさせることが「言語運用」する単元として必要になるのかを具体化・明確 化しておくこと、第三に、各学習活動場面における子どものメタ認知を促す教 師の働きかけや環境づくりを検討すること、が単元計画段階で求められること になります。

　「活用」型の単元を実践するにあたっては、従来の一つの教材を詳細に読み込 む授業では行われなかったような視点からの準備が必要になります。これらを 曖昧にしたまま実践に移行することは、「活用」の学習として機能させる戦略を 持たないまま子ども側に「活動」を委ねるという極めて危険な行為だというこ とを肝に銘じたいところです。

〈文献〉
・拙論「言語力の育成を具現化する単元組織の方法と課題」『学校教育研究　第24巻』日本学校教育学 会、2009年
・拙稿「国語科における〈活用〉の授業―単元づくりの3つのポイント」『ことばの授業④』東京教育研 究所関西分室、2009年

5　言語活動（1）と指導事項（2）の関係で単元構成が考えられていますか

　単元における言語活動が、子どもたちにとって魅力を感じる「実の場」となって位置付いたとしても、それが単なる「活動」に終始するようでは、国語科の力をつける教育であったとは言えません。国語科として力を付けるとは、学習指導要領に示された指導事項を、子どもが確実に身に付けるということです。

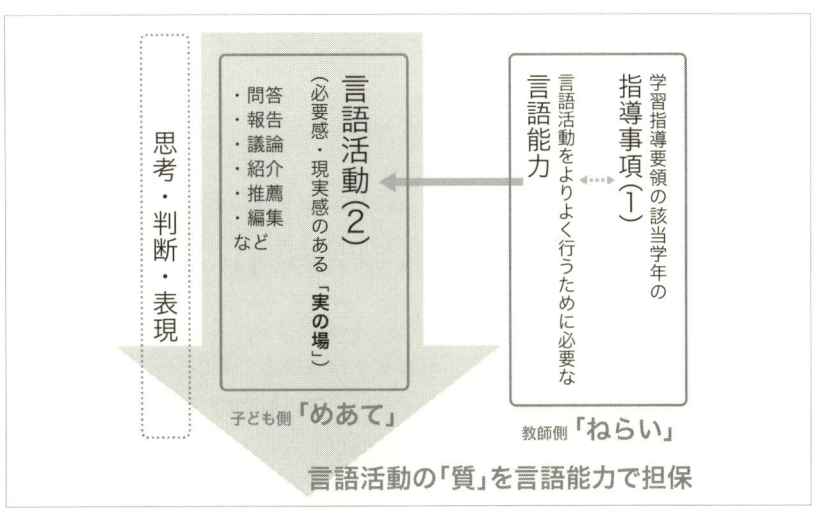

図5　「目的的な言語活動」を一連のプロセスとして

　したがって、国語科の「活用」の学習においては、図5に示すように、**言語活動（2）と指導事項（1）の関係を検討しながら単元をデザインする**必要があります。言い換えれば、国語科の「活用」の学習においては、「習得」と「活用」をそれぞれ別々に行うのではなく、むしろ**「『活用』の場の中で『習得』する」**という発想が大切になってくるということです。

　先に述べた「知識基盤社会」では、知識や技能を実際の文脈や状況の中で「使えるか」が問われるのであって、とりわけ「言語」については、相手や状況の中で使用して初めて大きな意味を持つものであるといえます。「話す力」「聞く力」「書く力」「読む力」は、まさに**具体的な状況下における言語運用力**として発揮されることが求められるのです。

また、言語活動を言語能力との関係でデザインする際には、次の2点に留意することが大切です。

第一に、言語能力が、子どもの主体的な言語活動を実現するための不可欠な視点として無理なく位置付いているという点です。例えば、図6の事例では、子どもにとって切実な課題は「1年生にも楽しめるおもちゃまつり大会をひらこう」という「めあて」であり、「順序立てて説明する」という教

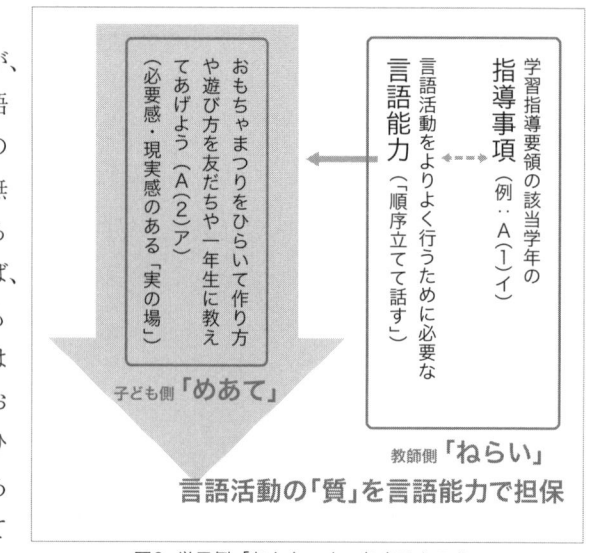

図6 単元例「おもちゃまつりをひらこう」

師側の「ねらい」がいきなり子どもの意欲として現れることはないでしょう。そこで、「1年生が楽しめるためには、おもちゃの遊び方の順序を分かるように教えてあげないと」という思いが持てるように、**子ども側の「めあて」と教師側の「ねらい」をすり合わせるように教師が関与**を行うことが大切になってきます。「順序という論理性を用いて話す」という言葉の力が、子ども側の「めあて」実現のために必要なツールとして子どもの側に取り込まれる契機となるように、教師が意図的に働きかける場面を設定するのです。

第二に、単元は追究の過程として、「話す」「聞く」「書く」「読む」能力が単独の領域で位置付けられるのではなく（当然重点化は必要ですが）、「読み取ったことを生かして書く」「聞き取ったことについて話し合う」「書いたものについて互いに意見交換する」等、**複数の領域が連動して**機能するように活動を構成することも、子どもの言語活動が主体的に展開するために必要です。

そのためには、教師が言語活動を1時間レベルではなく、単元全体の一連の活動展開としてイメージすることが重要になります。

6　outputのための条件を意識させよう
　　　—再構成してリライトする活動—

　人間にとって言語が思考の道具であるならば、「話す」「聞く」「書く」「読む」**言語活動には必ず思考を伴います。**具体的な目的や場面において、言葉を使って相手から情報を受け取ったり、加工して伝えたりする際、「どのように話すか」「何を聞き取れば良いのか」「どう書けばふさわしいか」「何を読み取ればいいのか」の検討を伴うことは当然のことです。

　例えば、図7は、動物と人間がかかわりあう物語を推薦するという一連の目的的な言語活

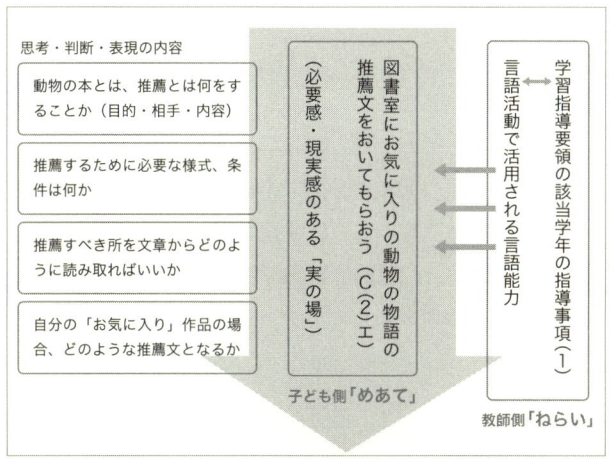

図7　学習過程の各段階における思考・判断・表現の内容例①

動を単元としてデザインした実践です。単元序盤では、「他者に何かを推薦する、とはどういうことか」について、日常の言語生活の具体例を手がかりに話し合いながら、その目的や機能について一般化して把握する思考が行われるでしょう。また、単元中盤では、共通教材「大造じいさんとがん」を推薦する活動を通して、推薦に必要な内容や項目について比較したり統合したりしながら適切なものに精選する思考や判断が行われるでしょう。言い換えれば、inputした情報を、「推薦」として言語化するためにはどのような条件が必要になるのかを洗い出し、その**条件に照らして情報を再構成**する過程です。どのような条件が伴えば「お気に入りの動物の本の推薦文となり得るのか」を焦点化し、それに基づいて自分の選んだ動物の本を読んだ**情報をリライト**させるのです。

　さて、言語活動における**条件**には、次ページ図8に示す「字数」「時間」のような**量的条件**と、「相手」「場面」「状況」のような**質的条件**が考えられます。こ

▶第Ⅱ章 単元をどうデザインするか

れら全ての条件を一つの単元に取り込むのではなく、学年段階、育ちの実態、既習経験を鑑み、教師が選択して子どもに向き合わせることが単元デザインにおいて大きなポイントになります。全国学力・学習状況調査の

◆相手（「新入生に」「全校に」「家族に」「地域の人々に」）
◆場面（「学級で」「図書館で」「体育の授業で」「街で」）
◆状況（「方法を教える」「人を案内をする」「作戦を練る」）
◆字数（「○○字でまとめる」）
◆時間（「何分以内・何分で話す」）
◆テキスト変換（「文章を図表に」「文学を書評に」「取材した材料を随筆に」「物語を人物関係図に」）
◆要件（「事例を3つ入れて」「順序が分かる語句を使って」）

思考・判断・表現の契機としての「条件」

単元を目的・状況・条件を持ち込んだ一連の追究の場に

図8　具体的な条件を単元に含める

B問題（主として活用に関する問題）において、「次の（○つの）条件に合うように書きなさい」等の問題に各地で課題が見られることを考えれば、具体的な追究場面において、**目的や状況等に応じて一定の条件下で情報を再構成して表現**するという活動を単元デザインに組み込んでおきたいところです。

図9は前述した2年生の「活用」型単元「おもちゃまつりをひらいて作り方や遊び方を友だちや一年生に教えてあげよう」です。単元で設定されたそれぞれの**条件は、子どもが学習過程で思考する「きっかけ」**として意図的に埋め込まれることになります。

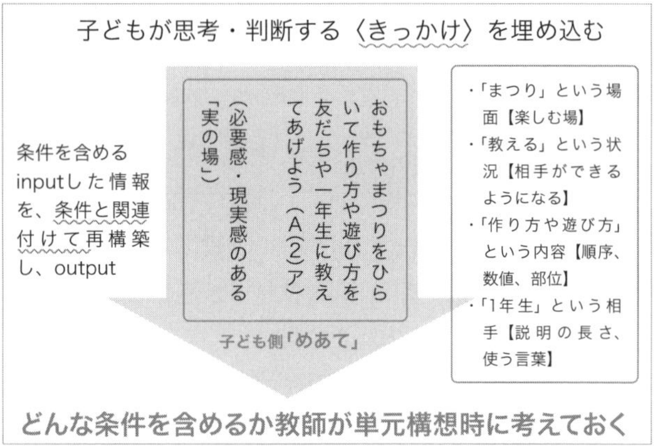

子どもが思考・判断する〈きっかけ〉を埋め込む

条件を含めるinputした情報を、条件と関連付けて再構築し、output

（必要感・現実感のある「実の場」）

おもちゃまつりをひらいて作り方や遊び方を友だちや一年生に教えてあげよう（A(2)ア）

・「まつり」という場面【楽しむ場】
・「教える」という状況【相手ができるようになる】
・「作り方や遊び方」という内容【順序、数値、部位】
・「1年生」という相手【説明の長さ、使う言葉】

子ども側「めあて」

どんな条件を含めるか教師が単元構想時に考えておく

図9　学習過程の各段階における思考・判断・表現の内容例②

このような「条件」の存在は、子どもたちが自由気ままに「説明のような」文を書くのではなく、どのような「書き方」をしていれば質の高い「説明」の文となるのかという目的実現の程度や具合をはかる視点として、教師と子どもが意識する観点になるものです。

第Ⅱ章 単元をどうデザインするか

7 単元末の成果物を教師が具体的にイメージしていますか

　「本を読んで推薦文を書こう」という単元を設定したとしましょう。「推薦文を書く」という言語活動に含まれる要件が決定されていなければ、単元で思考させるべき内容が子ども側に「丸投げ状態」となってしまいます。こうなれば、単元末に「思考なき推薦文らしきもの」ができあがることになります。「推薦」は言語活動の様式の一つの具体のすがたであり、それが国語科の授業で行われる以上、「推薦」をするためには文章をどのように読み取ればいいのか、「推薦」という目的の文章としてどのように書けばいいのか、等が話題化され浮き彫りになりながら展開されなければなりません。

　そのためには、単元を開始する時点で、教師側に「どのような推薦文にするか」あるいは、「推薦文をリーフレットのどこに位置付けるか」「推薦文の要点を凝縮したキャッチコピーを付加する」といった**成果物の具体的なイメージ**ができていることが必要です。

　図10の6年生の実践では、「推薦ブック」なるものがどういうもの

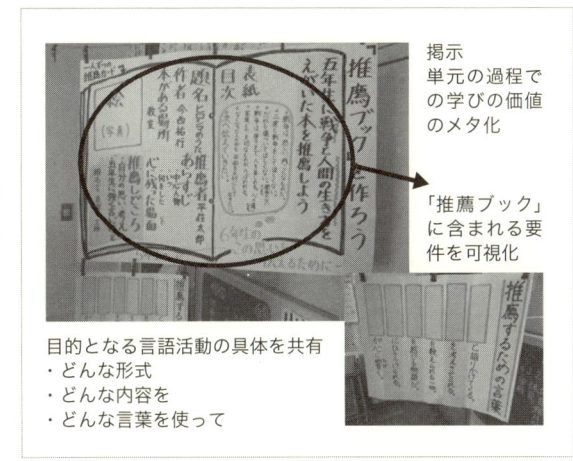

図10　「推薦ブック」の具体的イメージと要件を可視化

か、どこに、何を、どのように書くのか、が掲示物で示されています。また、読み方としての「推薦のしどころ」と、書き方としての「推薦するための言葉」が例示されており、子どもが学習過程で**「推薦」という言語活動を質の高いものにしていくための要件として自覚**できるようにしています。子どもたちは、ここに示された項目や文言を活用して、自分の推薦文を書くのです。すなわち、**可視化された**これらの掲示物は、子どもたちにとって**「てびき」となって機能**するものになります。

33

また、図11の3年生の実践では、「しぜんのかくしえおはなしえほん」がどのようなものになるのか、具体的なイメージを子どもに持たせるために、実際の完成品に近い形のページのモデルを教師が作成して示されています。

これら2つの事例のように、単元当初で目的とする言語活動の具体的なすがたを共有したり、単元の進行過程で子どもが学び得た言語知識や言語能力を少しずつ書き加えたりしながら、**可視化を図る**こ

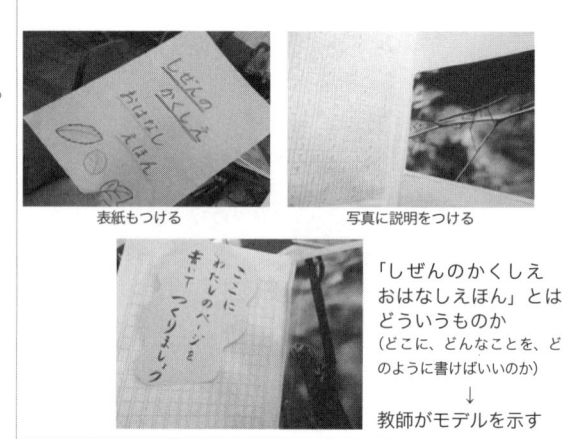

表紙もつける　　　写真に説明をつける

「しぜんのかくしえおはなしえほん」とはどういうものか
(どこに、どんなことを、どのように書けばいいのか)
↓
教師がモデルを示す

図11　教師が最終の成果物のモデルを示す

とによって、子どもの「こういうものを作っていくために何が必要か」「今取り組んでいることは、後々のあの活動につながる」等のメタ思考を促すことになります。このような子どものメタ思考は、目的や場面にふさわしい言葉を意識的に使い主体的な言語運用をめざす「活用」型の単元だからこそ発揮・伸長されるものだといえます。

また、教師が具体的に事前に想定しておいた単元末の成果物（表現）は、教師から単元開始早々に提示した方が良い場合もあれば、単元の進行過程で子どもが見付け出していくうまくいくための「こつ」や「わざ」を取り上げ位置付けながら、**自分たちの学びの蓄積として作り上げていく**方が良い場合もあるでしょう。例えば低学年では、学習経験が浅く言語活動の具体的なイメージができにくい段階であることからも、早い段階で「何を」「どうやって」書けばいいのかを具体物として可視化して示してやることが、見通しを持って学習を進めていくために効果的でしょう。

何より、単元当初に単元末の成果物（表現）を教師が具体的にイメージしていることは、教師自身がその言語活動を通して何についての授業を行うのかということを意識しているということに他なりません。

8 子どもが単元全体の流れを見通せる手立てがなされていますか
―学びの位置と意味の可視化―

　国語科の「活用」型の単元においては、単元全体がある目的に向かって進んでいるという点が、教師はもちろんのこと、子ども自身にも自覚されていることが大切です。そのために教師は、授業の中で**今取り組んでいることの位置や意味**をどのように自覚させるか具体的な手立てとして準備しておくことが必要です。

　例えば、図12は、教室の前面に掲示物として示された単元全体の流れです。単元開始時点から単元終了まで継続して掲示され、毎時の導入時と終了時には必ずこの掲示を使って単元における本時の位置を確認し、**本時の学びを単元に還して考える**活動を位置付けます。また、単元過程の学びで仲間と吟味・検討しながら習得してきた事柄を、掲示の中に加筆・追記し、**学びの共有と蓄積を可視化**しています。

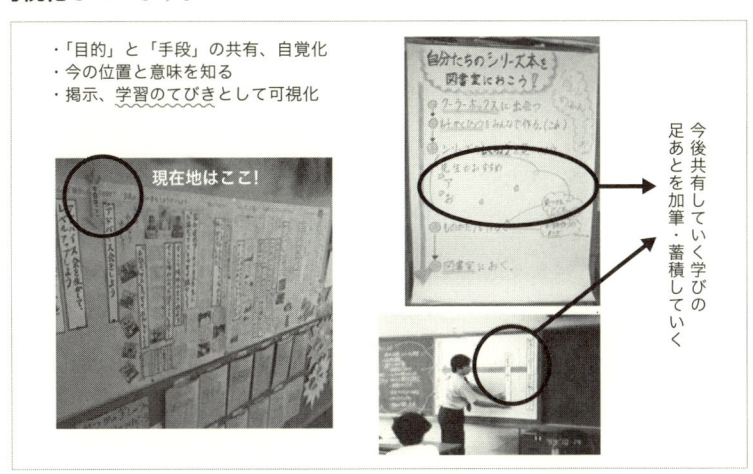

図12　単元全体の流れと本時の位置を自覚的にする掲示物

　また、次ページ図13は、兵庫県西宮市立今津小学校が子どもに配布している「ナビゲーション」（5年寺島実践「メディア大解剖図鑑をつくろう　〜情報の黒と白を見付けて〜」）です。今津小学校では、「これから何を学び、そのためにどんな力が必要で、それをどのように進めていくのか」を子どもたち自身に「ナ

▶第Ⅱ章 単元をどうデザインするか

ビゲーション」で意識させることによって、**自覚的・自律的**に学びを進めていくことを大切にしています。また、子どもに対してだけでなく、保護者に対してもこれから取り組む学びの内容と価値を知らせる機能を持たせています。単元の流れだけでなく、この単元の意味や価値についても内容に含め、可能な範囲での子どもの学びへのまなざしや励ましを啓発しているのです。

第5学年「メディア大解剖図鑑をつくろう」
～情報の黒と白を見付けて～（全9H）

学習計画

みつける
○「メディアの黒と白」発見の旅へと出発（1H）
さまざまなメディアについて感じていること、知っているメディアの特質、良さについて整理しておこう。

みとおす
○メディアの特質を知ろう（2H）
「テレビとの付き合い方」を読み、筆者の主張をつかもう。
①筆者が述べているメディアの黒と白とは？
②私たちはどのようにメディアにかかわれば良いのか？
○「メディア大解剖図鑑」作成計画を立てよう（1H）
①調査対象メディア　②調査方法
③まとめ方　④作成までの手順
⑤意見文の書き方

ふかめる
○自分が選んだメディアについて、その黒い部分と白い部分を見付け、まとめよう（2H）
1．選んだメディアの黒い部分と白い部分について、まとめよう。
2．自分の選んだメディアについての意見文を書こう。
○調査発表会を開こう（1H）
それぞれが調べたメディアの黒い部分と白い部分、意見文を交流しよう。

ひろげる
○仕上がった図鑑を交流して、あとがきを考えよう（1H）
各調査から共通性を見付け出し、図鑑のあとがきに必要な要件やことがらを検討しよう。
①黒と白に分かれる理由は？
②わたしたちはどのようにメディアとかかわっていけば良いか？

ふりかえる
○つかんだことをまとめよう（1H）
最初の考えと比較しながら、学習したことをふりかえりメディアについての考えを整理しよう。

先生からのメッセージ

テレビ、インターネット、本、新聞、広告…。私たちはさまざまなメディアから、たくさんの情報を入手して便利な暮らしを送っています。2014年は地球の真裏のブラジルでサッカーワールドカップが開催されます。私たちはさまざまなメディアを使い、しゅん時にその情報を得ることができるでしょう。地球の裏側で試合をする日本代表選手、隣の国で飢えて苦しむ子どもたち、近くのスーパーの大安売り…。あらゆる情報をたくさんのメディアから得られるようになった今日、私たちに必要な力とは一体何でしょう。メディアの特質をつかみ、情報をかしこく活用できる5年生をみんなで目指しましょう。さあ、「メディア大解剖」の旅へと出発です。

この学習で身に付ける力（ふりかえり4ポイント）

□メディアとの付き合い方について書かれた文章を読み解き、筆者の考えや説明の仕方をとらえる。（読む力）
□さまざまなメディアから伝わる情報の特質をとらえるための追究課題をつかむ。（読む力）
□追究課題を調査したことや、そこから感じるメディアの特質や私たちのかかわり方についての考えをまとめる。（読む力・書く力）
□調査したことや経験の根拠にして、メディアとのかかわり方についての考えを交流し深める。（話す・聞く力）

おうちの方へ

この単元は、5年生最後の説明文の学習として位置付けています。高学年は、自分の考えや視野が大きく広がる時期です。さまざまな物や人に興味を持ち追究していきたいと思うようになります。たくさんの情報が反乱している今日の社会の中で、自分に必要な情報を取捨選択して活用する力を身に付けてほしいと考え、学習を進めていきます。ご家庭でもメディアリテラシーについて考える機会にしていただけたら幸いです。

図13「ナビゲーション」～兵庫県西宮市立今津小学校の例～

〈文献〉
・拙論「国語：理論」佐藤真編『各教科等での「見通し・振り返り」学習活動の充実』教育開発研究所、2008年

第Ⅱ章 単元をどうデザインするか

9 教科書教材を「手段」となる共通モデル教材として位置付けよう

図14に示すように、単元を一連の言語活動として構成した場合、第二次に入ると、子どもたちが**目的となる言語活動の実現に向けて必要となる「読み方」「書き方」「話し方」「聞き方」を習得する学習活動**に取り組むことになります。

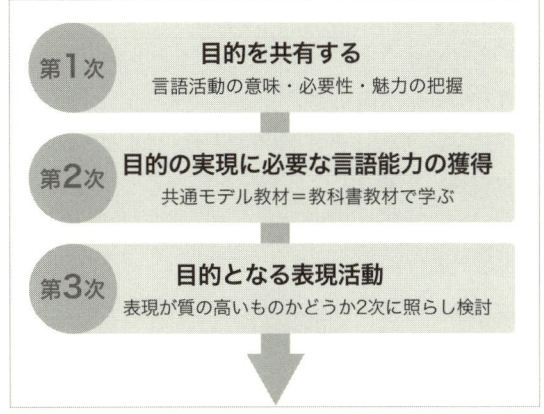

第1次 **目的を共有する**
言語活動の意味・必要性・魅力の把握

第2次 **目的の実現に必要な言語能力の獲得**
共通モデル教材＝教科書教材で学ぶ

第3次 **目的となる表現活動**
表現が質の高いものかどうか2次に照らし検討

図14 単元の各段階の役割

図15に示した第2学年「おもちゃまつりをひらいて作り方や遊び方を友だちや1年生に教えてあげよう」の単元（学習指導要領の言語活動例（B書くこと（2）ウに該当）では、「おもちゃまつり」という実の場が単なる「楽しい」活動の場として終始するのではなく、国語科としての言語能力を習得し、それを子どもが活用する場としなければなりません。そのために、学習指導要領の指導事項と照合し、「おもちゃまつりの作り方や遊び方を教える」際にはどのような条件が含まれる

第二次
教科書の説明文教材で、接続詞の使い方、項立ての仕方を学ぶ
共通のモデル教材として

おもちゃまつりをひらいて作り方や遊び方を友だちや一年生に教えてあげよう（B(2)イ）
（必要感・現実感のある「実の場」）

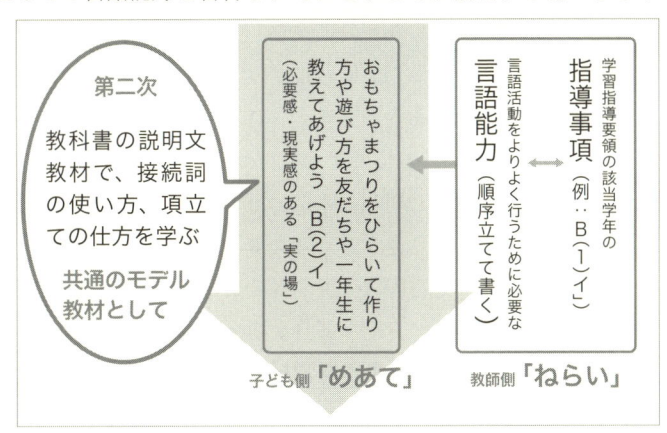

言語能力
（順序立てて書く）

指導事項
（例：B(1)イ）
学習指導要領の該当学年の言語活動をよりよく行うために必要な

子ども側「めあて」　　教師側「ねらい」

図15 教科書教材を「手段」として用いる

ことが望まれるかを検討するのです。そこで、「作り方や遊び方」をよりよく伝えるという活動に効果的となる内容として、学習指導要領の低学年の指導事項

37

▶第Ⅱ章 単元をどうデザインするか

の　書くこと(1)イ「自分の考えが明確になるように、事柄の順序に沿って簡単な構成を考えること」を適合させます。つまり、本単元で子どもたちが「作り方や遊び方を教える」際には、「どのように作ればうまくできるのか」「どのように遊べば面白いのか」を実現する要件として「順序」と「簡単な構成」を含めるということであり、それが本単元の言語活動の「質」を左右するポイントとなるということです。

　ここで、「順序」と「簡単な構成」を子どもたちに学ばせる材料として、例えば教科書に掲載された教材を用いることを考えます。この単元では、例えば、『きつつき』(教育出版2年)を用いて、「はじめに」「つぎに」「そして」「さいごに」等の順序を表す言葉や、「ざいりょう」「作り方」「ちゅうい」等の文章の構成につながる項目を学ぶこととして構成することが想定できます。その際、教師が事前の教材研究において、「手段」として用いる教科書教材に含まれた言語要素が、子どもの目的とする言語活動に使われるべき能力や内容となるように関連付けておくことが不可欠です。子どもが「活用」する言語能力や言語知識が何なのかを明確にする教材研究によって、「教科書を教える」から「教科書で教える」指導に転換を図ることができます。

　さて、教科書教材以外でも、身の回りの本や図鑑、説明書等の中から、子どもたちにとって有効だと判断させるものがあればそれを**学習材**として採用し、教科書教材と組み合わせるなどの工夫をしながら提示することも、理解を促進する手立てとなります。また、場合によっては、教師自身が単元に対応するような**モデル教材を作成する**ことも考えられます。

　かつて私は、2年「これでおまかせ!なんでもマニュアルをつくろう」という単元を実践しました。この時に使用したのは、教師側が集めたインスタントラーメンに記載されている「作り方」の文や、子どもたちが家から集めてきた身の回りにあるさまざまな物の取扱説明書でした。事前に教師が学習としてどこが活用できるかを吟味し、有効な部分を選択提示する配慮は不可欠ですが、**身の回りにあるリアリティーのある学習材**を採用することによって、子どもが単元の言語活動を実際の言語生活とつなげて思考するすがたが期待できます。教師も一人の言語生活者として、心に留まる言語素材を日頃から身の回りで探しておくことも大切でしょう。

10　具体的な視点や方法を示した「学習のてびき」を
　　　―自分でできるようになるためのいざない―

　単元全体を一連の言語活動として展開することによって、子どもたちの主体的に「読む」「書く」「聞く」「話す」すがたが期待されますが、教師が何も関与せずに子どもが主体的に言語活動に取り組むことができるわけではありません。「活用」の学習の単元過程においては、子どもが自分の力でできるようになるために、**足場かけとしてのヒントを「学習のてびき」として教師から**示さなければなりません。

　「学習のてびき」には大別して次の3種類が考えられます。

> ○見通しを示すてびき
> ○視点、方法を示すてびき
> ○モデルを示すてびき

　第一の、**「見通しを示すてびき」**は、単元全体の追究の道筋を見通して、「今、自分の追究がどの時点にあるのか」「今、取り組んでいる活動は、何につながるものなのか」などを子どもが自覚するために有効です。単元開始時から終了までの期間、掲示物や配付プリントで**絶えず子どもたちが立ち返る**「学びの羅針盤」として位置付けたいものです。（詳細は第Ⅱ章―8参照）

　第二の、**「視点、方法を示すてびき」**は、単元の進行過程において、子どもたちが自分の考えを創り出したり、教材文を読み取ったりする際に提示されるものです。次ページの図16は、兵庫県西宮市立今津小学校の井上教諭が使用した6年単元「2011年、春、生きている軌跡をエッセイに」において「エッセイの構成」を示した学習のてびきです。このてびきは、12歳の今、自分がそれまでの見方や考え方を変えることになった出来事を取り上げエッセイにまとめていくにあたって、「あ」から「え」までの要素を配列・構成する類型を示すものであり、子どもたちが**自力でできるようにするための「足場かけ」**となるものです。子どもはこれらの方法や視点を手がかりに自分の場合に照らして方法を選択しています。

▶第Ⅱ章 単元をどうデザインするか

　このような「学習のてびき」は、教師から全員に対して同一のものを一方的に提示するだけではなく、学習過程で子どもと共に話し合いながらポイントを抽出した内容を含めたり、子どものつまずきの状況や興味・関心、能力差に応じて数種類の異なるてびきを準備して、適宜それらを提供したりする場合も考えられます。子どもが**必要に応じて**「学習のてびき」を活用し、「学習のてびき」に**書かれている情報を取捨選択**することを教師が認めることによって、子どもの自律的な学習を促進するのです。

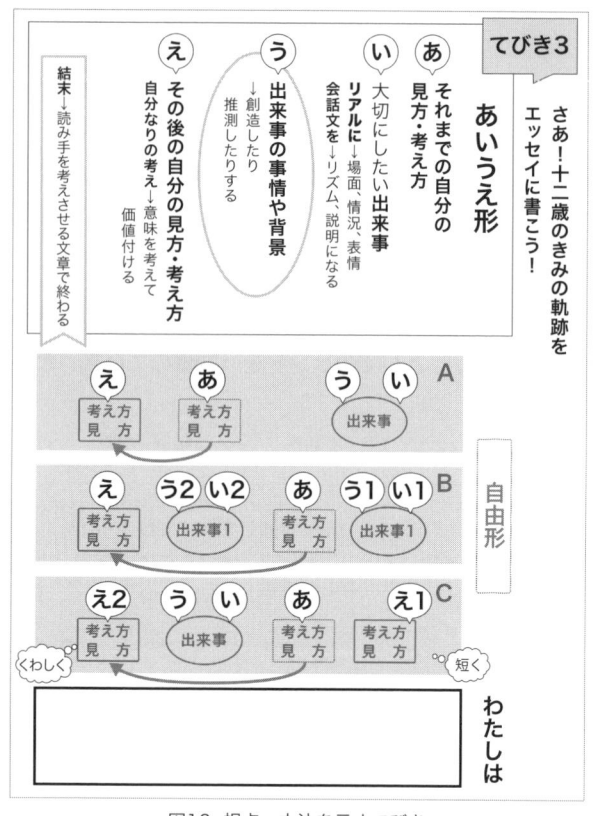

図16　視点・方法を示すてびき

　第三の、**「モデルを示すてびき」**は、例えば、司会やグループ活動の具体的な進め方のモデル事例を提示したり、自分の考えを書きまとめる際に、具体的なイメージができるように、教師や友だちの考え方をまとめたものを一つの象徴的モデルとして提示したりします。教師からの提示を受けるだけでなく、子どもたちは、教師から提示される一つの**モデル案を基準として、模倣・反復**しながら自らの学習内容に適合するように、提示された**モデル案を加筆・修正**していく活動も考えられます。

　図17は、戦後の代表的な国語科の実践家である大村はまが、単元学習において使用した「学習のモデル」としてのてびきです。大村は、このような基準型

```
20 A それでは、一人で読む詩を決めましょう。どんな方法で決めますか？
21 D めいめい、希望を出してみたら？
22 B 賛成。
23 A 希望をまず出して、もしダブったら、そこで話し合うことにしますか。
24 C はい。そうね。
25 B はい。それでいい。
26 A あの……すまないけれど、まだ、その詩を読んでないので、少し、時間、ください。ああ、そうでした。どうぞ、読んで考えてください。
27 A （……）決まりましたか。
28 B はい。
29 C では、Bさんから。
30 B ぼくは、「山頂から」。ぜひ。
31 A わたしは、どれでもいいです。
32 D わたしも、どれでもいいけれど、「野のまつり」か、「木琴」。
33 A そうすると、「木琴」か「木琴」ですね。わたしは、できたらC──は、ほんとにどれでもいいですか。Dは、「野のまつり」が「木琴」が読みたかったので、……「野のまつり」がD──いいですか。で、わたしが「木琴」で、「夜明け」は、C──ということになります。
```

図17 学習のモデルを示すてびき（一部）

の「学習のてびき」について、「これがその標本です。これをこういうふうにずっと書いてありまして、この通りやっていくのです」「まずはこれを、読んでいくのです。そのグループで、ちゃんとことばとして、読んでいきます。そして、何回も読むのです」「言いながら直すのです」「こういう一つの形は型なんだ。こういうふうに運ばなければ、この話はできないので、こうやって話の仕方を本当に覚えていって、こんな台本がなくても、こういう話が順序良く、気持ち良く進んでいくようになっていかねばならない」「基本的な学習の仕方というのは、覚えさせないと勉強がうまくできないでしょう」と述べています。

すなわち、方法が分からない子どもにとっては、「学習のてびき」が一つの基準（モデル）となって機能し、その過程を「まねぶ（学ぶ）」ことによって学習活動が充実することを実感できるのです。

大村の「学習のてびき」に内在する指導観は、次の**「仏様の指」**の象徴的な逸話に見出されます。

「ある時、一人の男が荷物をたくさん積んだ車を引いて仏様の前を通りかかった。そこは大変なぬかるみで、車はそのぬかるみにはまってしまい、男は懸命に引くけれど車は動かない。その時、仏様はちょっと指でその車にお触れになった。その瞬間、車はすっとぬかるみから抜けて、からからと男は引いていった」

という話です。「男は仏様の指の力にあずかったことは永遠に知らない。自分が努力して、ついに引き得たのだという自信と喜びとで車を引いていったのだ」という逸話に、**子どもが一人で判断できるようにしつける教師の位置**が語られています。子どもたちが「実の場」を通して、ねらいを的確に知る教師の助けを借りながら知らず知らず力を付けてしまう、このような学びの場を大村は理想としたのです。

これらの「見通しを示すてびき」「視点、方法を示すてびき」「モデルを示すてびき」は、①教師が学習にかかわる**内容や方法を具体的に提示**することによって、子どもが「何をどのようにすれば良いのか」という点を確実に把握させること、②個性重視ということが教師の子どもへの後追いになるのではなく、子どもの学びのつまずきを想定して教師が先鞭をつけながら**先導的に教師が準備**しておくこと、の二点が大切です。まさしく「学習のてびき」は、**「教師が子どもの手を引いて価値ある学びの方向に導いてく」**という行為なのです。言い換えれば、「できるようになる」ために、子どもに、いつ、何を具体的に示すのか、また、それが決して教師からの一方的な押しつけではなく、子どもの内面の求めとなるように、どのように学習活動（単元）を展開するか、を真摯に見つめ続ける教師の姿勢が重要となるのです。それは、曖昧な印象やイメージで決定されるものではなく、丁寧な教材研究と子ども理解に裏付けられた判断と戦略に基づくものでなければなりません。

「学習のてびき」とは、子どもが**自分の力でやり切った**と思えるように、「教えるプロ」である教師が意図的に学びに足場をかける行為です。子どもが学び浸りながら知らず知らず力を付けていく、そんな教室にするためには、目の前の子どもに力を付けるとはどういうことなのか、その**内容と方法を熟知する教師の存在**が必要です。「子どもの自主性・主体性」「自ら学ぶ」などの聞こえの良い文言が掲げられる学習像の前提には、「教え導く」ことができる教師がいるのだということを肝に銘じたいところです。

〈文献〉
・拙論「小学校低学年の国語科単元学習における『学習の手引き』の意義」『教材学研究　第18巻』日本教材学会、2007年
・拙論「大村はまの指導観に学ぶ-『仏様の指』としての学習のてびき-」『教育フォーラム53』金子書房、2014年

11 子ども自身が読書生活を見つめるきっかけとなる単元に

　平成19年11月の中央教育審議会「教育課程部会におけるこれまでの審議のまとめ」では、「教育内容に関する主な改善事項」に言語活動の充実が挙げられ、各教科の言語活動を支える条件の一つとして「読書活動の推進」が焦点化されています。今後、読書活動を推進するためには、読書の「量」を増やすための取り組みだけではなく、授業のあり方と連動させて子どもの**読書の「質」を向上させる**ことが重要です。そしてそれは、教師が限定した教材の内容を教師主導で一斉画一的に精緻に「読ませる」ことを重視した「読解」の授業に偏った指導によっては実現が難しいものです。

　さて、子どもたちはこれから成長していく中で、さまざまな場面でさまざまな目的で本と出会うでしょう。何かの目的のために調べるような読書もあるでしょうし、単に楽しむための読書もあるでしょう。いずれにしても、子どもたちが本とつながりアクセスするための多様なチャンネルは、生涯、**本とつながることができる力**として身に付けさせたいものです。

学校でどんなつながる場・機会を用意しているか
（本に触れる／本を使う／本を探す／本を楽しむ／本を選ぶ／本を創る／本を集める／本を読み味わう／本を比べる／本を勧める）

　一方、現在の学校教育現場で読書活動の推進を授業で具現化するにあたって、まず、これまでの国語科の「読解」の授業が、子どもたちの主体的・意欲的な読書活動と乖離していなかったかという点を省察しておくことが大切です。「正しく読む」ことのみにとどまらず、「自分はその本（そのテキスト）をどう読んだのか」という主体的な「読書」の経験の交流の場を多彩に準備したいところです。そのためには、国語科の「読解」の授業においては、書かれている内容に没入し読み浸る学びだけでなく、**多様なテキストを相対化し、書かれている内容や形式について評価や吟味を行う**学びも求められることとなります。

また、読書活動の推進に働く学びとして、複数のテキストを対象に書かれている内容や形式について比較したり評価したりする**「多読型」の単元デザイン**も重視されます。単独教材の精読後の発展的な読書だけでなく、複数の教材を単元に位置付けて読み、それらを

> ○同じ作者の複数の作品の比較
>   →作者が追い求めたテーマ、人生観、作風
> ○異なる地域の作品の比較
>   →東洋と西洋の文化性の違い、共通性
> ○異なる時代の作品の比較
>   →時代精神や美意識、表現方法の変遷、普遍性
> ○異ジャンルの作品の比較
>   →ジャンル特有の表現型式、ジャンルの持つ個性
> ○同じシリーズの作品の比較
>   →人物の位置付け・展開の共通性、テーマの存在
>
> **一つの作品を読むだけでは見えてこないものを読む**
> 「読解」と「読書」が乖離しない

図18 読書と連動する多読型単元

関連付けるメタ思考によって共通する価値を見出すような「読解」をさせるのです。複数のテキストを「読解」の対象にして、**「作者読み」「シリーズ読み」「ジャンル読み」「テーマ読み」等**として単元化することに挑戦してみましょう。「多読」型単元で複数教材を読み比べることによって、単独教材の「読解」では気付くことのない価値を認識させることができ、本の選び方や味わい方の幅を広げ、子どもの読書生活を豊かにする契機とすることが可能です（図18）。

また、このような「多読型」の単元を推進していくことと並行して、自校の学校図書館の**蔵書構成や配架方法**も配慮していかねばなりません。せっかく「多読型」の単元をデザインしても、同一作者、同一テーマ等の多読型単元に対応した本が無ければ話になりません。昨今、あれもこれも1年間で購入することは難しいと思いますので、**長期的な視野に立って実践単元に対応した本を重点的に購入**して蓄積していきましょう。

私たち教師は、子どもたちが「読まされている」のではなく、他ならぬ自分自身の意志としてその本を選んで読んでいるのだという実感を抱かせたいものです。「読みたい」「読む必要がある」と思えるから自らの意志で読書する、この当たり前のことを我が国の子どもたちが生涯行えるように、学校教育で多様な読書経験を準備していくことが大切なのです。

〈文献〉
・拙稿「『読解』の授業を見直す―読書活動推進をどう具現化するか―」『ことばの授業②』東京教育研究所関西分室、2008年
・拙稿「単元学習で『読みたくなる場』を設定する」『教育科学国語教育No.500』明治図書、1994年

第Ⅱ章 単元をどうデザインするか

12　単元過程で子どものメタ思考を促そう
　　　―自覚的な言語運用力を育てる―

　今回の学習指導要領解説・総則編においては、「児童が学習の見通しを立てたり学習したことを振り返ったりする活動を計画的に取り入れ、自主的に学ぶ態度をはぐくむことが学習意欲の向上に資する」という点が重視されています。「見通し、振り返る活動」は、子どもに学びを「メタ認知」させるということです。
　「メタ認知（meta-recognition）」 とは、より高い次元から自身の行為を見据え、意味付けたり指示を発したりする行為です。言い換えれば、「自分自身の認知の仕方を認知する」行為であり、学習場面においては、自分がどのような学びの状況にあり、それに対して何が必要か等を**モニタリング**し**コントロール**するメタ思考を行うことです。自分自身の思考や行動を対象にして一歩高い位置からその状況や意味を俯瞰するメタ思考の力は、「活用」型単元においては不可欠な力となります。
　全国学力・学習状況調査の国語科B問題（主として「活用」）で求められる読みは、従来の国語科指導において行われてきた「文章の内容を正しく読む」「心情を詳細に読む」という作品世界や叙述内容に「読み浸る」読みとは異なり、具体的な目的や状況に応じて自分の考えを創り出したり、そのために必要な情報を取り出したりしながら**テキストを「読み解く」**ものです。すなわち、一連の目的的な追究過程で、複数の条件を満たした情報を取り出してリライトするという活動では、目的や状況場面に必要な条件として何が選択されどのように再構成されるべきかという論理的なメタ思考と結び付いて行われることが重要となるのです。

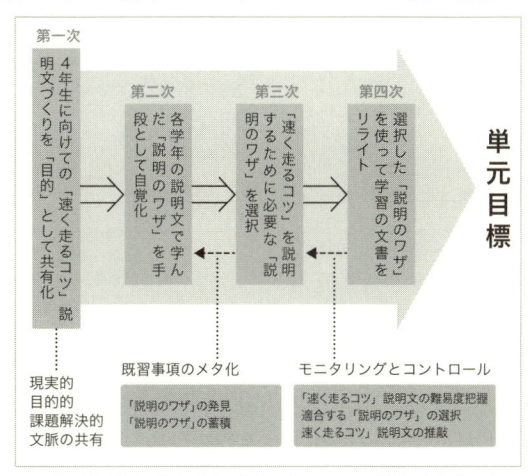

図19　6年単元「4年生に『速く走るコツ』説明文を書こう」

45

▶第Ⅱ章 単元をどうデザインするか

　例えば、兵庫県伊丹市立花里小学校の椋尾教諭は、説明文を用いて前ページ図19に示す全18時間の単元を構想しました。子どもたちが1年生からの6年間の説明文学習で獲得した「説明のワザ」を駆使して、4年生に向けて「『速く走るコツ』説明文」を書くという目的を達成しようとする展開です。

　椋尾教諭は、第二次における各学年の基礎的な説明文教材の読解場面で、各説明文で筆者が読者を説得するために意図的に機能させている、「文末表現」「接続詞」「段落のまとまり」「問いと答え」「事例」「文章構成」等の「説明の工夫」の存在に焦点化し、それらを子ども自身がこれまでの学習で蓄積してきたことを自覚するように働きかけました。6年間で子どもに自覚化されているべきこれらの「説明のワザ」の蓄積は、自分自身がどのような説明の仕方を理解してきているのかということの自覚化であるともいえます。

　さらに、椋尾教諭は、子どもが「4年生に『速く走るコツ』説明文を書く」という文脈上で自ら蓄積してきた「説明のワザ」を援用するにあたって、相互評価の場を設定したり、作成中の説明文を実際の4年生へ仮提示し意見聴取をする場を設定したりして、試行錯誤と修正の場としての推敲を重視しました。作成過程にある自らの説明文の状況に対して、他者の視点も含めることによって、妥当性と必然性を自覚化させようとしたのです。

　これらの椋尾教諭の働きかけは、「今、自分自身が何を学んでいるのか」「今まで自分自身が学んできたことは何か」「この場面では今まで学んできたことをどのように活用することができるか」等をメタ思考させるものであり、これらのメタ思考が言語能力を自覚的に駆使・運用しながら追究活動を推進するものとして位置付いています。(図20)

　このように、「活用」

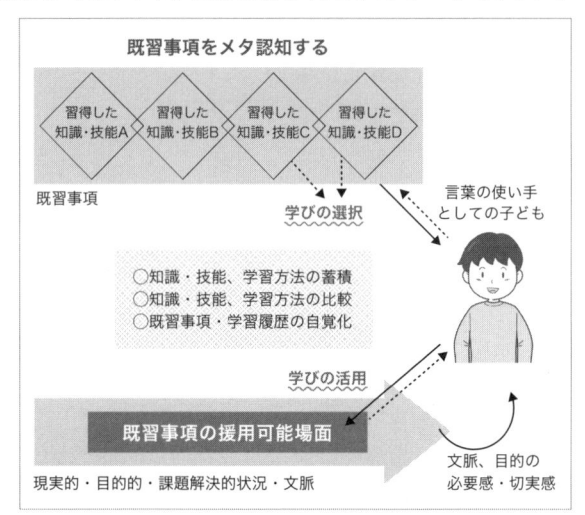

図20　本単元におけるメタ思考の構造

46

型単元においては、学びをメタ思考する活動を教師が意図的に実践の中に位置付け、**メタ思考した内容を言語化させる**ことを意図的に行うことが重要になります。このような「学びをメタ思考する言葉」は単元の進行過程の各段階で考えられます（表1）。

表1 単元の各段階における 「学びをメタ思考する言葉」の種類と具体例（総合的学習の場合）

言語化された時期	「学びをメタ思考する言葉」の種類と具体例
単元当初 単元末	**自分自身の状態や能力について思考する言葉** 「前回の総合学習では気のゆるみもあって、グループで話し合いを深められなかった」「私は計画的に勧めることが苦手なので今回は何とかしたい」「ぼくはやっぱり計算ミスが多いから算数がよくない。二学期はがんばる」
単元初 単元過程	**学習の流れや手順について思考する言葉** 「私は、まず今一番がんばっているスイミングのこと、それから前がんばっていた習字のことにしぼってこれまでの情報を整理してみようと思います」「ブックにまとめるんだから、まずは構成を考えないといけないと思っています」
単元初 単元過程	**学習方法について思考する言葉** 「先生が『○○そばは神戸でも手に入る』と書いてくれていたので、今度行って食べてみて現地との違いを比べてみたいです」「現地へ行ってやらないといけないことをメモに箇条書きで書き出しておくと安心です」「時間配分を前もって決めておいて、現地の活動をムダがないようにしたい」
単元過程	**学びの意味や価値について思考する言葉** 「今日みんなと交流しました。私にとってすっごく刺激になりました。同じテーマの人もいて、まだまだ切り口が少ないと反省できました」「今日見つけた資料はこれからすごく使えそうです。ほっとしました」
単元過程	**他者の学びについて思考する言葉** 「○○さんは調べるのに苦労している。私と同じでいい本が見付からないのかもしれません」「□□くんと一緒に図書館に行ってみようと思う。□□くんは私と同じ課題だし、だいぶ進んでいるみたいだから」
単元末	**自分自身の成長・変容について思考する言葉** 「私は去年、本でしか調べられなかったので、『情報の集め方』のめあてを『いろいろな方法で長崎についてのとっておきの情報を集める』としてがんばってきました。けど途中、FAXで資料を頼んだ時、うまく伝わらなくて断られたり、インタビューでは恥ずかしくて何も言えなかったりでした。先生や友だちにいろいろ教えてもらって、質問することも前もってたくさん準備したり、アンケートの項目なんかも工夫したりして面白くなってきました。このメモ帳は、長崎でカステラ屋のおじさんにインタビューした時のものです。たくさん質問を準備して、緊張したけどがんばって聞いたことをきたない字だけどいっぱい書いています。おじさんにもほめられて、このメモ帳を見ると自信がわいてきます」

さらに、これらの**「学びをメタ思考する言葉」**の出現場面について詳細にみてみると、次のような特徴が焦点化されます。

> ① 「学びをメタ思考する言葉」は、学習展開の節目に現れている。
> ② 「学びをメタ思考する言葉」は、教師の関与が伴うことによって現れている。
> ③ 「学びをメタ思考する言葉」は、見通したり振り返ったりするための思考の手がかりとなるワークシートや学習のてびきが介在して現れている。
> ④ 「学びをメタ思考する言葉」は、保障された一定の時間の中で現れている。
> ⑤ 「学びをメタ思考する言葉」は、多くの場合、具体的なフィードフォワードの情報を含む形で現れている。
> ⑥ 「学びをメタ思考する言葉」は、他者の「メタ思考する言葉」との交流によって活性化し、より多彩な言葉となって現れている。
> ⑦ 「学びをメタ思考する言葉」は、それ自体で終わるものではなく、直後の学習活動の改善に活かされたり、学習状況を照合する指標になったりする機能をもって現れている。

とりわけ、これらの場面では、子どものメタ思考を活性化することができるということです。「活用」型単元を指導しながら、学習過程で適宜立ち止まり、子ども自身が目的となる言語活動がよりよく遂行されていくために言語運用していることを話題として取り上げながら自覚化させる教師の働きが求められるのです。

〈文献〉
・三宮真智子編著『メタ認知─学習力を支える高次認知機能─』北大路書房、2008年
・拙論「国語科における『PISA型読解力』育成のための教師の支援に関する研究─『メタ認知的支援』を手がかりとして─」『京都ノートルダム女子大学研究紀要　第38号』京都ノートルダム女子大学、2008年
・拙論「ポートフォリオで〈読解力〉を捉える─読みをメタ認知する装置として─」『教育フォーラム38』金子書房、2006年
・拙論「学びをメタ思考する言葉を育てる─ポートフォリオで語られる言葉から─」『教育フォーラム46』金子書房、2010年

13　言語活動をどのように評価するか
　　　―「量」ではなく「質」を評価する―

　国語科において言語活動の充実を具現化するために、学校教育現場では単元全体を一連の言語活動として、各地で「話す」「聞く」「書く」「読む」力を活用しながら、表現活動にひらく単元が盛んに実践化されるようになってきました。しかし、その一方で、相互指名で終始するだけの単なる「活発な」全体交流や、思考の方法や視点の示唆無きグループ活動に「丸投げ」するような実践が、一部見受けられる点が心配されます。教師が出るべきところで子どもの前に出て、教えるべきことを教え、子どもの学びを高めるために適切に関与すること無くして、言語活動の「充実」はあり得ません。

　「活用」の学習で育つ能力は、「活用できたか・できなかったか」という境界線が明確な能力ではなく、**「どの程度うまく活用できたか」という「質」や「程度」**としてとらえる、いわゆる「見えにくい学力」としての**思考力・判断力・表現力**です（図21）

　「見えにくい学力」とは、ペーパーテストで正誤

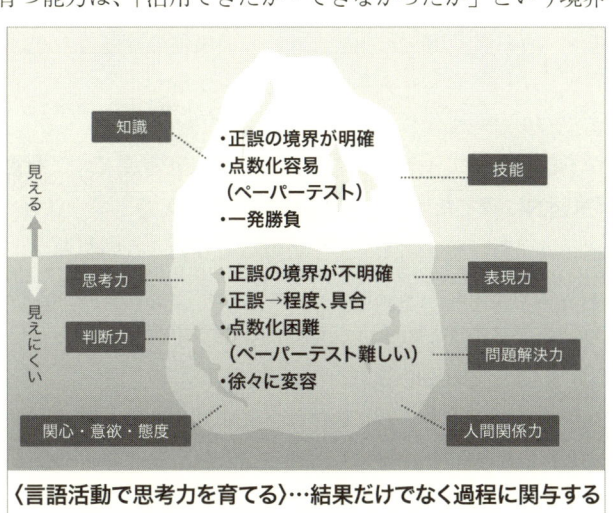

図21　言語活動で育てる学力とは―学力の氷山モデル―

を評価することが容易な「見える学力」が量的評価に適しているのに対して、質的評価に適している学力です。このような学力は、単元末に一発勝負のペーパーテストで評価するのではなく、評価規準を背景に持つ教師が子どもの学習過程に関与しながら、**形成的に学習の「質」や「程度」を高めていく**、いわゆる「指導と評価の一体化」を行う**形成的評価（過程の評価）**を重視するものです。し

たがって、教師の関与によって、子どもの学習の「質」は学習過程の進行にともなって徐々に、そして確かに向上していくことになります。その結果として、単元末において言語活動で生み出された成果物に対して、「どの程度うまく活用できたか」を指導の**結果の評価**としてとらえることが可能となります。

このように、「活用」の学習においては、「過程の評価」と「結果の評価」の二側面から、子どもの「活用」の「質」「程度」を評価（指導）することが教師に求められることになります（図22）。言語活動が単なる「楽しい活動」「面白い活動」に終始することのないように、この単元で子どもがどうなれば、子どもが言語能力を「活用」しているといえるのかを明確化し、教師が責任を持って子どもに力を付けることが重要です。**「偶然育った」ではなく「意図的に育てた」**といえる指導性が不可欠だということです。そのためには、国語科における「活用」の学習とはどういうものなのか、それは具体的にどのような単元として具現化されるのか、そして、どこでどのような力を育て、そのために教師がどのような意図的な関与を行うのか、という点を単元開始前に十分検討しておく必要があります。

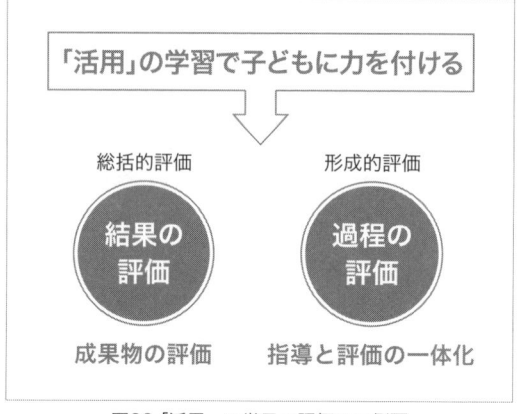

図22「活用」の単元の評価の二側面

この点を看過すると、戦後の1950年前後の単元学習が学力の付かない「這い回る経験主義」と非難されて挫折した経緯が繰り返されることに陥るかもしれません。「言語活動の充実」は、思考力・判断力・表現力を確実に育てる教師の意図的な指導が伴ってこそ具現化するのです。

〈文献〉
・梶田叡一・加藤明編著『実践教育評価事典』文溪堂、2004年

14 「結果の評価」をどのように行うか
―単元末の成果物をどうみるか―

　国語科の単元が終了して、教室や校内のさまざまな場所に**言語活動の成果物**が掲示されていることでしょう。しかし、本の帯、リーフレット、新聞、報告書、推薦文、図鑑、紹介カード、紙芝居等々、各単元で表現様式を具体化した言語活動の成果物には、どのような評価が行われているでしょうか。単なる「楽しかった」活動の「作品の陳列」になっていないでしょうか。

　全国学力・学習状況調査で毎年のように各地で「目的や条件に応じて情報を読み取り、条件に合わせて考えや意見を書く問題に課題がある」と指摘されている点を鑑みれば、**単元末の「表現」に至るまでに何らかの「条件」を設定し、それに照らして思考・判断する活動展開を授業として構成**する必要があります。

　しかし、条件さえ埋め込んでおけば、単元末の成果物（表現）は質の高いものになるのかといえば、そうではありません。言い換えれば、「あらすじのようなもの」さえ書かれていれば全て良しとするのか、紹介したい部分の「引用が書かれていれば」全て良しとするのかということです。つまり、言語活動は「正誤」や「有無」が問われるのではなく、「質」や「程度」が問われるということです。したがって、どの程度のあらすじが書けているか、引用部分と紹介したいこととをどのように関係付けて説明しているかが問われることになります。

　右の表は、兵庫県丹波市立中央小学校において、『いろいろなふね』（東京書籍1年下）の書き方を手がかりに「はたらくのりものしょうかいカードをつくる」ことを目的

表2　成果物の「はたらくのりものしょうかいカード」の評価指標

	0	1	2	3
評価指標	(1)『役目』、『あるもの』、『人ができること』を書いている。 (2)内容が、『役目』、『あるもの』、『人ができること』に整理して書けていない。（見出しと内容があっていない。）	(1)『役目』、『あるもの』、『人ができること』を書いている。 (2)内容が、『役目』、『あるもの』、『人ができること』に整理して書けている。	(1)『役目』、『あるもの』、『人ができること』を書いている。 (2)内容が、『役目』、『あるもの』、『人ができること』に整理して書けている。 (3)事柄ごとのつながりが以下のどちらか一方だけである。 ①「役目とあるもの」 ②「あるものと人ができること」	(1)『役目』、『あるもの』、『人ができること』を書いている。 (2)内容が、『役目』、『あるもの』、『人ができること』に整理して書けている。 (3)『役目』、『あるもの』、『人ができること』全てにつながりがある。
指導時間	(1)第二次3時	(2)第二次3〜6時	(3)①第二次4時 ②第二次5時	(3)第二次4〜6時

とした単元構成に記載された**評価指標**です（伏田実践）。ここでは、「(1) 項目」「(2) 項目に対する叙述」「(3) 項目間の関係付け」の3つの条件が「しょうかいカード」の条件として設定されているだけでなく、それぞれについてどの程度できていればよいかの尺度と該当する具体的内容が挙げられています。これらの言語活動のレベルの想定は、**最終的な単元の成果物（表現）が、どの部分（条件）がどの程度できていればよいのかという評価の尺度**となり、言語活動が勝手気ままな活動にならないための**指導内容の根拠**となります。

また、ここで大切なことは、単元開始前の計画の段階で最終的な表現の程度を示した評価指標を作成し、指導計画の中で確実にそれらに**対応する指導場面を保障**することです。すなわち、あらかじめ「結果の評価」の具体的内容を設定した上で、それを、いつ、どのように過程で指導するのかを単元末から明確化するのです。言い換えれば、**最終的な成果物（表現）を、学習過程で何について思考・判断してきた結果こうなったのか**、という視点で評価するということを、単元開始の時点で想定しているからこそ、必要な指導を確実に行えるということなのです（図23）。

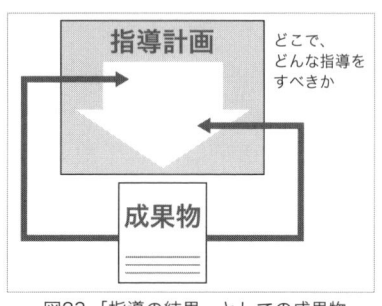

図23 「指導の結果」としての成果物

例えば、学習過程の「項目間の関係付け」という条件については、「どのような関係付け方が良いのか」という点について、個々の子どもが書いたものを他者と比較したり評価し合ったりする1時間を単元内に意図的に設定し、「関係付けた書き方とはどのように書くことか」について互いに吟味し思考する場を確実に位置付けるようにします。

このように、**「思考・判断」の結果としての「表現」**であることを意識して指導すれば、単元末の「表現」に向けてどのような「思考・判断」をさせるのか、そしてそのきっかけとなる条件を、いつ、どのように子どもたちに提示するかを明確化することによって、曖昧化・印象化した指導と評価を避けることができます。

〈文献〉
・拙論「言語活動をどのように評価するか―国語科における成果物の評価方法に着目して―」『月刊兵庫教育　5月号』兵庫県教育委員会、2014年

15 「過程の評価」をどのように行うか
―本時の評価規準で思考の質を問う―

「活用」型単元における「過程の評価」とは、形成的評価を行うことです。

学習過程の評価を考えるということは、その1時間で育てるべき力を評価するということであり、それはすなわち、**単元全体の目的的な追究活動の文脈にとって、必要な学びがその1時間に位置付いている**ということでなければなりません。また、言うまでもなく、今やっていることの位置と意味を、他でもない子ども自身が自覚（メタ化）して授業に臨んでいるということが大切です。

例えば、5年「動物と人間がかかわり合う物語を読んで推薦文を書こう」という単元の場合で考えてみましょう。教科書教材には『大造じいさんとガン』が掲載されており、これが第二次で全員で共通に学ぶ「動物と人間がかかわり合う物語」のモデル教材として位置付きます。一方、子どもたちは単元当初から並行読書で教科書教材以外の「動物と人間がかかわり合う物語」を探し出し、読み進めています。したがって、本単元において『大造じいさんとガン』を読む1時間が、単元末の「自分が選んだ物語で推薦文を書く」ために必要な「読み方」「書き方」を習得するために必要不可欠な時間として、子どもたちの内面に位置付くことが大切なこととなります。

もう一つ、6年「メディアとの付き合い方を考えよう」という単元の場合で考えてみましょう。まず、東京書籍6年『テレビとの付き合い方』では、テレビから送られてくる情報を「黒（見えている部分）と白（見えてない部分）」の概念図を使って説明することを学びます。次に、教科書で挙げられている「写真」というメディアの場合に当てはめて同様の白と黒の概念図を使って説明します。さらに単元末の第3次では、自分の生活の中にある多様なメディアを事例として取り上げて、同様の白と黒と概念図を使って自分がそのメディアにどのようにかかわっていくことが大事なのかについて意見文を書く、という展開です。

単元を通して一貫しているのは、「白と黒」の概念図でメディアの特性を説明しそれに対する自分の構えを書く、という活動であり、すなわち、教科書教材「テレビとの付き合い方」における1時間の学び（思考の仕方）が、その後「写真」「その他の身の回りのメディア」の事例に活用されることになります。

▶第Ⅱ章 単元をどうデザインするか

　このような事例は、単元の流れが分断せず、子どもにとってひと連なりの追究活動になっているかということと密接に関係します。1時間ごとのミクロの視点で学びの意味を丁寧に詳細にとらえるとともに、**その1時間が単元の流れの中でどのような意味を持つ1時間なのか**、また、その1時間における学びは子どもにどのような「価値」としてメタ思考されて自覚化されるべきなのか、そして、その1時間の学びで得た「価値」は子ども自身の追究活動においてどのように活用されていくか等を、マクロの視点から俯瞰することが教師に求められることになります。

　兵庫県豊岡市立豊岡小学校は、単元の流れが分断したり、各次・各時間の学びが子どもにとって乖離しないようにすることに焦点化した研究に取り組んでいます（図24）。単元（ひと連なりの言語活動）の目的の実現に向けて、学習過程で大切になる「自覚化（メタ化）すべき（させるべき）こと」はどんなことかについて、第一次で自覚化させるべきこと、第二次で自覚化させるべきこと、第三次で自覚化させるべきことを校内の授業事前・事後研究会で話題化しながら、本時行われた学びの価値について吟味し合っています。「活用」型単元における「本時」の授業

```
単元全体（一連の追究活動）…分離・乖離しない
  第二次と第三次とのつながり（連動性）に着目
                ↓
子どもの側から
「今、取り組んでいること（単元を貫いている言語活
動）の文脈において、今、どんなことが自分に大切
か、必要となるか」←自覚化（メタ化）

教師の側から
目的の実現（質の高い）に向けて、学習過程で大切にな
る「自覚化（メタ化）すべき（させるべき）こと」はどんなこ
とか、また、どのように自覚化（メタ化）させるか
```

図24　本時の意味を問う豊岡小の授業研究

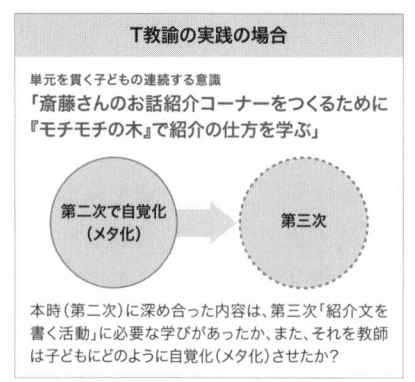

```
       T教諭の実践の場合
単元を貫く子どもの連続する意識
「斎藤さんのお話紹介コーナーをつくるために
『モチモチの木』で紹介の仕方を学ぶ」

  ( 第二次で自覚化 ) → ( 第三次 )
  (  （メタ化）   )

本時（第二次）に深め合った内容は、第三次「紹介文
を書く活動」に必要な学びがあったか、また、それを教師
は子どもにどのように自覚化（メタ化）させたか？
```

図25　本時（第二次）の意味を問う

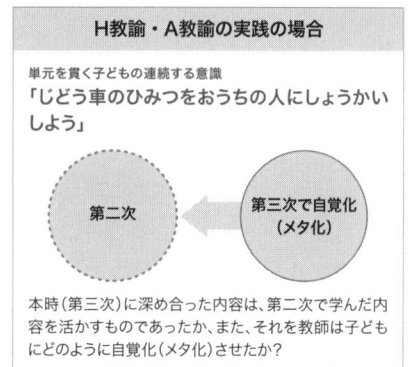

```
     H教諭・A教諭の実践の場合
単元を貫く子どもの連続する意識
「じどう車のひみつをおうちの人にしょうかい
しよう」

  ( 第二次 ) ← ( 第三次で自覚化 )
                (  （メタ化）  )

本時（第三次）に深め合った内容は、第二次で学んだ内
容を活かすものであったか、また、それを教師は子ども
にどのように自覚化（メタ化）させたか？
```

図26　本時（第三次）の意味を問う

第Ⅱ章 単元をどうデザインするか

では、教師にも子どもにも「単元」からの視座が不可欠であるということです。

このように、今取り組んでいることを単元の追究の文脈に必要な学びとして位置付けるためには、次のような点が配慮されることが大切です。

第一に、**本時の入り方と終わり方**を工夫することです。

ある研究会では、指導案上は子どもの言語活動は単元を貫いてはいるものの、本時の教室に入ると授業開始のチャイムとともに、「はい、今日は教科書の○ページ、第○場面です。読んでもらいましょう。」と教師が発話されました。残念ながら、子どもにも教師にも本時が単元とどのように関連しているのかを意識しているようには見えませんでした。

本時の授業の開始時、1つ目の活動では、単元全体の流れを可視化した掲示等を示しながら、今日の学びの位置と意味について話題化しましょう。そして本時に学ぶべき内容が、「目的」の言語活動を質の高いものとするために必要なのだということを共有し、本時の学習課題（単元の追究の文脈下で本時全員ではっきりさせたいこと）を焦点化しましょう。また、本時の最後の活動では、今日全員の力で浮かび上がった「価値」ある内容が、単元にどうつながっていくのか、つなげていけそうかを話題化しましょう。河川で喩えれば、支流である本時の学びを本流である単元から引き込んでくる本時の入り方、支流である本時の学びを本流である単元へ戻していく本時の終わり方として工夫するのです。

第二に、**学習課題**を工夫することです。

学習課題は子どもにとって、言語活動の「めあて」を子ども側の活動の内容からとらえるものです。一方、指導目標は教師にとって、国語科の「ねらい」としてどんな力を育てるのかをとらえるものです。「めあて」である学習課題は教師側の「ねらい」と連動していることが大切ですが、「ねらい」があまり前面に出すぎて、「段落の要点をまとめよう」等の教師側の「ねらい」に近い文言の学習課題が毎時提示されることのないように留意したいものです。

むしろ、子どもにとって「段落の要点をまとめることが目的である○○○○をうまくやるために必要だ」と思える問いにすることが大切です。そのためには、学習課題冒頭に、「○○○のために」や「○○○が分かるように」等、「目的」となる**言語活動との関連性が見える文言**を入れてみましょう。例えば、「音読発表会に向けて、第2場面の中から主人公のおすすめにふさわしい言葉や行動をみつけよう」という学習課題を提示し、各場面で見付けたおすすめの箇所の

蓄積の中から自分なりの選択・精選を経て、音読発表会で引用を用いながら主人公の魅力を音読と説明をさせるのです。本時は、子どもたちが見付けたおすすめの箇所とその理由付けが、主人公の人柄や登場人物との関係、話の展開上での重要性に照らしたふさわしい部分として吟味・精選されることが言語活動（音読発表会）の質を決めることになります。

第三に、思考すべきことを精選し、**期待するすがた（評価規準）とそれに対応する手立てを設定**することです。

学習課題は単元の文脈下における本時に必要な学びの内容となります。そして、学習課題について、自分なりの考えをつくり、それを仲間と交流・吟味し合うことを通して、個々の「わたし」の学びが「わたしたち」の中でつながり合い、意味付けられながら、**新たな「価値」として抽出**されていきます。この「価値」こそが単元の追究の文脈に還流していくのです。つまり、本時の学びによって子どもは新たな「価値」を獲得しながら、それを単元全体を通した一連の追究の文脈に活用したり、自分の表現を振り返る尺度としたりすることになります。

さて、このような本時の学習活動を具現化するためには、①本時の中で思考が最も深まると想定する中心となる活動場面の特定②中心となる活動場面において、期待する思考を深めるすがたとしての「評価規準」（B:ほぼよい、A:大変よい）の設定③BをAに、C（不十分）をBに高めるための教師の具体的な手立ての明示を本時実施前に立案しておくことが大切です。言い換えれば、「どこで」「どのような手立てによって」「どのようなすがたに」を指導者として明確化しておくということです。「偶然思考が深まった」ではなく、「意図的に思考を深めた」といえる本時としてデザインするのです。

「本時の評価規準」と「本時の目標」とは異なるものです。図27に示すように、目標は評価規準を総合したものであり、45分なり50分なり1単位時間を終えて子

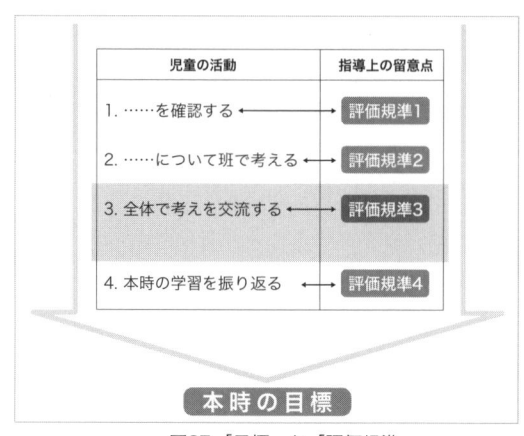

図27 「目標」と「評価規準」

どもに身に付けるべき内容を示したものです。それに対して、評価規準は、ある活動において期待される子どものすがたであり、**観察可能な具体的な行動のすがたで記述**されます。したがって、「理解できる」や「読み深めている」は認知の言葉をそのまま評価規準に用いているために何をもって理解で

● 評価規準 ●

◆その活動場面における期待する子どものすがた

◆観察可能な具体的な行動のすがたで書く
×「工夫して書いている」「分かりやすく話している」「豊かに表現している」「しっかり演技している」「生き生きと」「きらきらと」「理解している」「読み取っている」

◆終了後のチェックに使うだけのものではない
→学習過程で使うためのもの
→CをBに、BをAに高めるための手立てが重要

図28 「評価規準」記述におけるポイント

きているといえるのかがあまりに曖昧で、観察する場面も特定が難しくなります。また、「工夫して書いている」や「豊かに読んでいる」「しっかり説明している」等、抽象的な表現を用いると、「工夫するとはどうなることか」「どうなることが豊かさなのか」が指導者任せになり、評価の妥当性・信頼性が問われることになります。ここでは、**当該学年の学習指導要領の該当する指導事項番号を対応**させることによって、その学年のこの単元における「工夫」や「豊かさ」や「しっかり」の内実が明確化されて、「順序の言葉を用いて書いている」や「事例と意見を関係付けて説明している」といった形で具体的に微候（シンプトム）として記述されることが大切です（次ページ図29）。

　また、周知のように「評価規準」は、形成的評価で用いるツールであり、それは「値踏み」「序列」のための評価情報収集のために用いるのではなく、目の前の子どもを、**その時点でさらに伸ばすための指導に直結**するものでなければなりません。これが**「指導と評価の一体化」**です。1時間1時間、「評価規準」に照らして、Cの子どもをBへ、Bの子どもをAへ高めながら単元を進めていけば、理想的には単元終了後、全員がB以上になるはずです。いわゆる完全習得学習（マスタリー・ラーニング）です。このことを具現化するためには、**評価規準に照らして学びを質的に高めるための手立てを具体的に明記**しておくことがとても大切になります。出たとこ勝負ではなく、意図的に手立てを準備するのです。実際の授業の中では、準備していた手立てが子どもの状況に即したものとして機能しないことや、子どもの実際の反応に対応して、想定していなかった臨機応変な手立てを講ずることもあるでしょう。しかし、指導するプロとして、「どのようにして力を付けるのか」をレパートリーから準備し宣言しておく

▶第Ⅱ章 単元をどうデザインするか

ことは、それを省察し更新していくことを繰り返すことによって、必ず教師としての成長につながるものとなります。(「思考が深まる活動場面」「期待する思考の深まる姿(評価規準)」「思考を深めるための手立て」の3要素が含まれる本時指導案については、図29を参照されたい。)

6. 本時の学習（三 第4時）
(1)本時の目標
○宮沢賢治の生き方や考え方をもとに作品全体を読み、「やまなし」という作品に対する自分の考えを深めることができる。
　　（C読むイ・エ）
(2)思考を深めていく活動場面

○賢治の生き方や考え方を通して、やまなしの作品全体から題名を「やまなし」にした意味を考える活動

そのための教師の手立て

(3)展開

児童の活動	教師の支援	主な評価基準（観点）〈評価〉（本時の伝え合いを通して期待する思考の深まり）
1. 本時の学習課題を確認する。	・前時までの学習が想起できるよう、教室に前時までの学習の振り返りを掲示しておく。	
「かわせみとやまなし」ではなく、なぜ題名を「やまなし」としたかについて考えよう。		
2. 課題について話し合う。 ・黒く大きな物が一瞬に輝いているから、賢治の理想の世界が十二月だから。 ・かにの親子にとってやまなしは嬉しい。 ・かわせみが出る五月の世界ではなく、やまなしの出てくる十二月の世界が賢治の理想の世界。 ・賢治は平和な世の中にしたいから。 ・未来に希望を持っている十二月が理想。	・前時で宮沢賢治の生き方や考え方をまとめたものを教室に掲示しておき、参考にできるようにする。 ・自分のまとめた意見を発言できない場合は、少し考え直す時間を作り、できるだけ多くの児童の意見をつなげたい。 ・板書には五月と十二月に分けて、世界のちがいを視覚的に分かるようにする。賢治の生き方や考え方に関する意見は、色を変えて記入する。 ・友達の意見に反対するのではなく、友達の読み方を認め、自分の読み方を発言できるように助言したい。 ・五月と十二月の世界は、賢治の幻灯であり、心が表れているということを確認することで次の発問へつなげたい。	A 　五月の必要性を作品全体を通して、賢治の生き方や考え方と関連付けて考えている。 B 　なぜ題名が「やまなし」なのか自分なりの考えを持つことができている。
3. なぜ五月が必要なのか、作品全体を通して考える。 ・五月は現実だから ・五月は自然の厳しさが分かるから必要 ・暴れる自然のすがたを表している。 ・自然の厳しさを賢治が感じているからこそ十二月の平和が嬉しい。 ・五月のような厳しい自然の中にも、喜びを見付けることができる。未来に希望を持つことができる。 ・人のためにそれを伝えたい。	◎「題名がやまなしであるなら、五月の部分は必要ないのではないか」。と問いかけることにより、賢治の生き方や考え方をもとに作品全体でのやまなしの意味を考えさせたい。 ・分かりにくい児童には、十二月だけでも、賢治の理想とする世界について描くことができているのではないかと問いかける。 ・「イーハトーヴの夢」の中の賢治の言葉や出来事など本文から考えられるよう、どこからそう感じたのか発言させる。 ・最後に2つの季節が賢治の幻灯であることを再度確認し、賢治が描いた「やまなし」の作品全体を通して自分の考えをまとめることを意識させ、次時へつなげたい。	（C読むイ・エ） （発言・ノート） Cの児童への手立て 　五月と十二月をまとめたノートを見て、どんな世界だったのか再度確認するよう助言する。
4. 本時の振り返りをする。	・本時で分かったことや考えたことをノートにまとめて、振り返る時間を設定する。	

図29 「過程の評価」として思考を深めるための本時指導案（明石市立高丘西小学校　岸本実践）

16 成果物を教師間で見合うことを通して単元を更新しよう

　単元終了後の成果物（表現）をどのように評価するか、ということは、**学習過程をどのように指導してきたかという責任の裏返し**です。

　したがって、単元終了後、成果物（表現）を評価情報の取得として見るだけでなく、成果物（表現）から子どもたちの思考・判断にどのような不十分な点の傾向が見られるかを把握することによって、教師自身の**指導を振り返る**ことができます。

　単元末の成果物（表現）が指導後どのようなものになれば良いのかについて、事前に**評価指標**を作成してから指導を行っている兵庫県丹波市立中央小学校では、単元終了後の子どもたちの成果物（表現）がどの程度できているかを分析し、学級としてレベル0からレベル3の分布状況から指導のあり方を振り返ることに取り組んでいます。表3および次ページ図30は、同校の村上教諭が単元「『くらしの中の和と洋』ブックを作って、それぞれの良さを紹介しよう」の成果物を評価指標と、その評価指標に照らして「レベル1」としてとらえた事例とそう判断した解釈理由です。評価指標を作成しているからこそ、成果物（表現）の評価すべき**着目点（どこを見ればいいか）**と**質や程度のレベル（その部分がどのような思考の表れになっているか）**が明確な尺度となって、教師自身の解釈の根拠となっていることが分かります。

表3　成果物「くらしの中の和と洋ブック」の評価指標

	0	1	2	3
評価指標	・《最も大きなちがい》《ちがいが生み出す差》が書けている。 ・ある一定の視点から【和】と【洋】を比べて、それぞれの良さを見付けていない。	・《最も大きなちがい》《ちがいが生み出す差》が書けている。 ・ある一定の視点から【和】と【洋】を比べて、それぞれの良さを見付けている。 ・《良さの要点》をより分かりやすくするための《具体例》を資料から見付けて書けていない。	・《最も大きなちがい》《ちがいが生み出す差》が書けている。 ・ある一定の視点から【和】と【洋】を比べて、それぞれの良さを見付けている。 ・《良さの要点》をより分かりやすくするための《具体例》を資料から見付けて書けている。	・《最も大きなちがい》《ちがいが生み出す差》が書けている。 ・ある一定の視点から【和】と【洋】を比べて、それぞれの良さを見付けている。 ・《良さの要点》をより分かりやすくするための《具体例》を自分の体験のエピソードを入れたり、仮説を立てたりして書けている。
指導時間	・第二次3時 ・第二次4時・6時	・第二次3時 ・第二次4時・6時 ・第二次5時	・第二次3時 ・第二次4時・6時 ・第二次5時	・第二次3時 ・第二次4時・6時 ・第二次5・7時

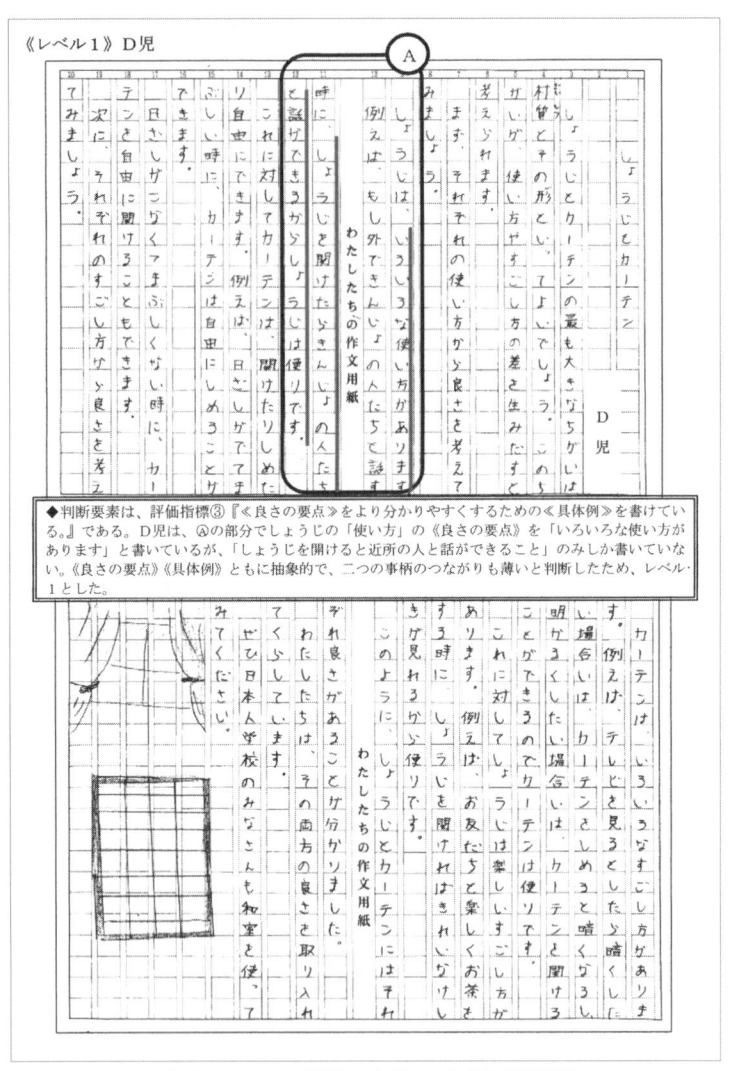

▶第Ⅱ章 単元をどうデザインするか

《レベル1》D児

◆判断要素は、評価指標③『《良さの要点》をより分かりやすくするための《具体例》を書いている。』である。D児は、Ⓐの部分でしょうじの「使い方」の《良さの要点》を「いろいろな使い方があります」と書いているが、「しょうじを開けると近所の人と話ができること」のみしか書いていない。《良さの要点》《具体例》ともに抽象的で、二つの事柄のつながりも薄いと判断したため、レベル1とした。

図30　レベル1の成果物（表現）の具合と判断解釈

　このような子どもの個々の「結果の評価」を行っていると、学級として不十分な箇所の傾向が見えてきます。図31は、単元終了後、村上教諭が、学級全体としての成果物の出来具合の傾向を、指導過程のどこに問題があったのかに照らして省察し、どの部分の指導を次年度は手厚くする必要があるのか等の情報を朱筆で書き込み次年度へ引き継いだものです。

第Ⅱ章 単元をどうデザインするか

	5本時	【和室】と【洋室】の紹介したい良さを見つけよう		
		○本論2(形式段落④〜⑩) ○【和室】と【洋室】のすごし方で紹介したい良さを発表する。 【和室】 ⑦・いろいろなしせいをとることができる ・きちんとした場では正座をし、くつろぐときにはひざをくずしたり、あぐらをかいたりしてすわる ・ねころぶこともできる ⑧・人と人との間隔が自由に変えられる ・相手が親しければ近づいて話し、目上の人の場合には少しはなれて話す ・自然にきょりの調節ができる ・多少人数が多くても、間をつめればみんながすわれる 【洋室】 ⑨・目的に合わせたしせいがとれるように、形がくふうされている ・長時間同じしせいですわっていても、つかれが少なくですむ ・次の動作にうつるのがかんたん ・体の重みを前方にうつし、こしをうかせれば立ち上がれる ・上半身の移動もわずか	○紹介したい【和室】と【洋室】のすごし方の良さについて、一人学びのワークシート[様式2]をもとに根拠を明らかにして発表するよう促す。 ○それぞれの良さに気づかせるため、児童が発言した紹介したい良さを【和室】と【洋室】の良さに分けて板書する。 ○《良さの要点》と《具体例》との関係を読み取らせるために、紹介したい【和室】と【洋室】の良さの中心を、それぞれ二つにしぼる。 ○紹介文の文章構成をつかませるために、教師の成果物モデルには、どの部分に《良さの要点》や《具体例》が書かれているかを色分けして印をさせる。	○紹介するために必要な《良さの要点》と《具体例》の関係を読み取り、要約している。 (C読む(1)-エ 発言・練習用ワークシート) 【改善案】 ○教材文以外から和と洋の良さを比べる事柄を例示して、その事柄の《良さの要点》や《具体例》について考えさせる。
	6	○【和室】のすごし方の良さを《良さの要点》と《具体例》を使って、紹介文を書く練習をする。 ○【洋室】のすごし方の良さを《良さの要点》と《具体例》を使って、紹介文を書く練習をする。 ○本論3(形式段落⑪〜⑫)で課題について考える。 《ポイント》 【和】と【洋】の事柄を左右に書けるようなワークシートの様式にする。	《ポイント》 課題について一人学びした理由や【理由の書き方】のてびきを具体例を書く時の参考にさせる。 ○それぞれどんな良さを紹介したいかを根拠を明らかにさせるため、必ず段落番号と本文をワークシート[様式3]に記入することを確認する。 ○紹介したい理由が多様化するように、一人学びのワークシートに【理由の書き方】を提示する。	○段落相互の関係から、使い方の観点で対比されている【和室】【洋室】の良さについて、中心となる語や文をとらえて、文章を読み取っている。 (C読む(1)-イ 一人学びワークシート)
	7	○本論3(形式段落⑪〜⑬) ○【和室】と【洋室】の使い方で紹介したい良さを発表する。 ○【和室】と【洋室】の使い方の良さを《良さの要点》と《具体例》を使って、紹介文を書く練習をする。	○それぞれの良さに気づかせるため、児童が発言した紹介したい良さを【和室】と【洋室】の良さに分けて板書する。 ○《良さの要点》と《具体例》との関係を読み取らせるために、出てきた紹介したい【和室】と【洋室】の良さをそれぞれ一つにしぼる。 ○紹介文の文章構成をつかませるために、教師の成果物モデルには、どの部分に《良さの要点》が書かれているかを色分けして印をさせる。	○紹介するために必要な《良さの要点》と《具体例》の関係を読み取り、自分で考えた良さの《具体例》を入れて要約している。 (C読む(1)-エ 発言・練習用ワークシート)
三	8	○衣食住の中から日本人学校の4年生に紹介したい事柄を決め、《最も大きな差》と《ちがいが生み出す差》を考えて、紹介文(はじめ)を書く。	○考えを整理しやすいようにするために、第二次3時で使用したワークシート[様式1]と同様のフォーマットのワークシートを準備する。	○『くらしの中の和と洋』ブックを作るために進んで資料を探し、比べる事柄の《最も大きな差》と《ちがいが生み出す差》について考えている。 (関心・意欲・態度 行動観察・ワークシート)

図31 成果物の評価を指導の改善に生かす

▶ 第Ⅱ章 単元をどうデザインするか

写真1　全教員による「評価研修会」

写真2　評価結果から指導改善を考察

　また、高知市立江陽小学校では、年度末にこの1年間で実施した「input→思考・判断→output」の代表的な単元の実際の成果物（表現）、およびその評価指標を学年毎に全体に提示、説明し、当初計画した指導計画について次年

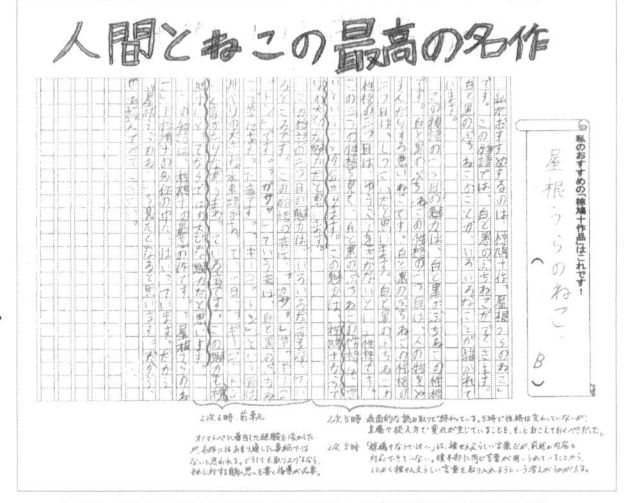

図32　椋鳩十作品の推薦文の評価と指導の省察（細川実践）

度どこを改善すべきかを検討する「評価研修会」を学校として取り組んでいます（写真1、2および図32）。

　いずれの学校でも、「この成果物（表現）のここにこのような記述があるのは、こういう思考が十分できている（できていない）ということではないか」「評価指標に照らすと、ここの表現は思考の程度からすれば十分でない」「この部分の思考については、単元の〇時間目で指導しているはずだったが、指導の何が不足していたのか」等が語り合われています。

　このような、指導の結果を次年度の指導の改善、**単元の更新**に生かす取り組みは、**「カリキュラム評価」**といえるものであり、目の前の子どもに力を付けるためのよりよい指導のあり方が引き継がれる場であると同時に、教師の質的評価の力量を高めていくものであるといえます。

第Ⅱ章 単元をどうデザインするか

17　掲示の仕方を見直そう
―何を思考・判断してきた結果の表現か―

　自分の教室や校内に子どもの成果物（表現）がどのように掲示・展示されているか、振り返ってみましょう。単に「整った文字で書いている」作品や「たくさん情報を書いている」作品が優れた作品として評価されてはいないでしょうか。

写真3　成果物がどのように掲示されているか

　単元終了後の成果物の掲示・展示を行う際には次の2点を心がけましょう。

　第一に、単元全体を貫く子どもの連続した**追究課題を、子ども側の言葉として掲げましょう**。例えば、「世界の民話を帯で紹介しよう」「椋鳩十の作品を推薦しよう」「はたらくのりもの図かんを作ろう」「戦争と平和がテーマの物語を読んで意見文を書こう」等の、言語活動の内容を**子ども側の「めあて」**として掲げます。この「めあて」は単元の題目であり、子どもが追究したくなる命題として単元開始から終了まで提示・共有し続ける魅力的なキャッチコピーとして考えることがポイントです。子どもたちが学校から自宅に帰って、「国語では、こんな勉強をしているんだよ！」と家の人に話すのは、言語活動そのものの魅力を感じる「めあて」となります。

　第二に、単元終了後の成果物には、子ども側の「めあて」だけではなく、**教師側の「ねらい」に当たる言葉を付記する**ことが大切です。この「ねらい」こそが、国語科としてどのような力を指導してきたのかを示す事項であり、教科指導としての責任

この単元で帯（紹介）に含まれる条件

活動＋活用した教科の能力
「何を思考・判断してこの言語活動の質を問うてきたか」

図33　「帯」に含まれる条件を示す

63

▶第Ⅱ章 単元をどうデザインするか

を表すものです。この意識無く「めあて」だけを掲げて指導してきたとすれば、それは例えば「気に入った本に帯をつける」という活動の魅力に任せたということであり、「がんばって」「しっかり」「ていねいに」帯を作る以上のものは生まれてこないでしょう。

「活用」型単元では、子どもがある input した情報を条件に照らして再構成して output します。言い換えれば、**最終の成果物は、子どもが単元を通して思考・判断してきた結果生み出された表現物**なのです。したがって、その成果物を表現するにあたって、どのような条件について、どのような思考・判断をしてきたのかを示す必要があります。学習過程で共有してきた思考・判断する際に用いた視点

写真4 学びの履歴(評論のポイントと語彙)

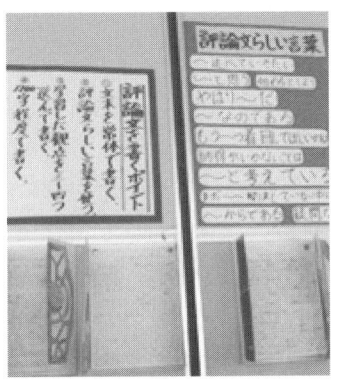

や表現する際に選択した語彙など、学びの「価値」を取り上げて掲示することも良いでしょう。また、モデルとしてきた教師作成の成果物を中心にしてポイントを示し、その周囲に子どもの成果物を掲示すると、見る人がそれに照らして成果を確認することができます。もちろん、最終の成果物になってから初めてこれまで学んできた「価値」に照らして見るのではなく、成果物の表現を**子ども相互に評価しながら推敲を重ねる**際に、掲示物に示されている事項が評価するフィルターとして用いられていることが大切です。

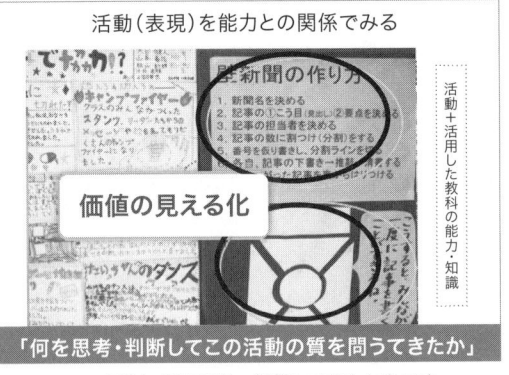

図34 何を思考・判断してきたかを示す

さて、このような単元の最終的な表現の成果物の掲示・展示は、教師の指導が言語活動に這い回っていない証拠であるともいえます。「できたか-できなかったか」の正誤二分法で評価することができない、**パフォーマンス型の学力**を評価する場面は、国語科だけではなく他の教科でも日常的に行われているでしょ

第Ⅱ章 単元をどうデザインするか

う。例えば、図工科の絵画や彫塑、音楽科の演奏や歌唱、体育科の跳び箱や水泳の技能、家庭科の調理実習、生活科や理科の観察カード、社会科のレポートや報告書、英語科のスピーチなど、各教科等の領域の単元ををつぶさに見てみれば、該当する単元はかなりあるはずです。このような単元では、**「活動」と「能力」が表裏一体**であることを意識して指導（学習）することが非常に重要です。教師側からすれば、子どもの活動のすがたをその教科の能力の育ちでみるということです。

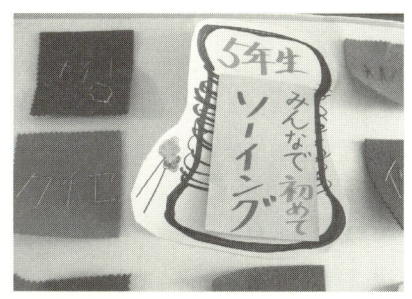

写真5・6 思考・判断してきた内容は？

　国語科の「活用」型単元における言語活動とそこに内包される言語能力との関係は、**「活動」と「能力」との関係で教育活動をとらえる**一つの手がかりとなるといえるでしょう。

「何を思考・判断してこの活動の質を問うてきたか」

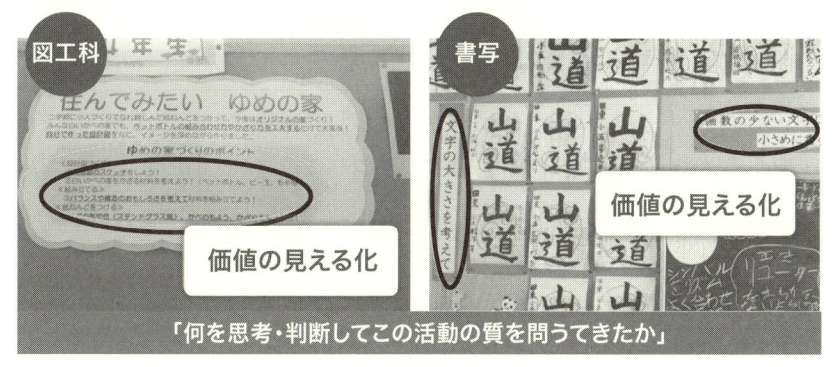

図35　成果物の掲示

▶第Ⅱ章 単元をどうデザインするか

18　授業事後研究会で言語活動の「質」を吟味しよう
―授業の文脈の中で起きた事実を解釈し合う―

(1)専門家としての力量 ――意味をみとる力――

　小学校の教師は、特定の教科、特定の領域のみに特化し専門対象を指導しているわけではありません。しかし、小学校の教師は、多様で複雑な子どもたちの学習や生活の状況をみとり、その文脈から意味を見出し、ねうちある働きかけを適宜行っていく**高度な専門職**であるといえます。また、教師には、多くの保護者や地域の人々など、多様な立場・年齢の人物と建設的に対話し交渉することができる柔軟なコミュニケーション能力も必要とされます。

　佐久間（2007）は、医学の場においても、大学病院で最先端医療を行う医師の「**スペシャリスト**」としての専門性追究が、「人間を診ずに臓器をみている」と、患者のニーズを置き去りにしてきたことが反省されている点を指摘し、近年、「家族医」の専門性が注目されるようになったと述べています。「家族医」とは、臓器や治療法を限定せずに幅広い臨床能力を持つ医師のことです。「家族医」とは、どんな患者にも的確な初期診断を下すことができ、予防からリハビリまで常に患者をトータルに支えてくれる医師であり、「スペシャリスト」としての専門性に対して、「**ジェネラリスト**」としての専門性を持つ立場であるといえます。

　このように考えると、「教える専門家」である教師も、特定の分野における特化・細分化したスペシャリストとしての専門性だけではなく、**子どもと生活を共にしながら丸ごと成長を支援していく**というジェネラリストとしての専門性が不可欠であることは明らかです。

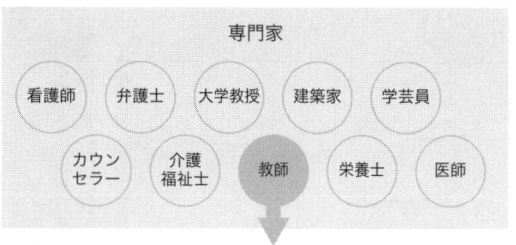

図36　専門性の二側面

専門家：看護師、弁護士、大学教授、建築家、学芸員、カウンセラー、介護福祉士、教師、栄養士、医師

「教える」専門家
○細分化した「専門性」：「スペシャリスト」
　内容・状況に即した専門的技法を身に付けている
○総合的な「専門性」：「ジェネラリスト」
　子どもと生活を共にしながら丸ごと成長を支援

すなわち、「家族医」には「専門医」に劣らぬ独自の専門性があるのと同様に、

小学校の教師にも、独自の**「子どもをみる」**という総合的な専門的力量を見出せるということです（図36）。

さて、アメリカ合衆国の授業研究においては、1970年代初めまでは、授業の効率性を追究する科学的アプローチが強い影響を与えてきました。ソーンダイク（E.L.Thorndike）によって創始された科学的アプローチは、優れた授業の技術をいつでも、誰でも、適用できるような法則性を明らかにする考え方です。

一方、授業研究における科学的アプローチに対して、アイスナー（Eisner,E.W.）は、授業における子どもの経験の質を重視し、授業過程に着目して、**「そこで何が起こっているのか」という意味**を明らかにしようとする質的評価の力量が必要であると主張しました。アイスナーは、授業において子ども個々人が、文脈によって多様な特性を有することを教師が自覚化し、芸術鑑賞やワインの味利きのように、子どもの経験の質を認識し多様な質の違いを識別できる技巧を持つことを重要視して、この教師の能力を**「鑑識眼（educational connoisseurship）」**と定義しました。アイスナーの質的な教育評価論は、教育活動の複雑性、偶発性、可逆性、教師や子ども個々人の特性の存在を重要視して、授業の固有の文脈において、固有名で語られる教師と子どもの間で繰り広げられる**事実を質的な「みえ方」によって解釈**し、状況に応じて臨機応変に対応していく柔軟性を重視する立場であるといえます。

このような教師の質的評価力は、教師の長年の経験知として蓄積されていくものであり、従来は熟練した教師から若手教師へインフォーマルな場で継承されてきたものでしょう。しかし、教員の年齢構成の大転換期を迎え、今後は校内の授業事後研究会や教育委員会の研修会等のフォーマルな場面で「みえ方」を意図的に育成することが求められます。そのためには、実践経験の豊富な熟達教師と実践経験の浅い若手教師とが協働的に力量を洗練させるために、多様な特性を持った教師たちが特定の授業の中で起きた具体的事実の意味について自らの「みえ方」を公的に語り合う「授業事後研究会」が教師の力量形成の場として重要になるのです。**授業とは、1時間の教師の「みえ方」の総体**です。そして、授業事後研究会は、多様な年齢、多様な個性、多様な経験の教師が集い、それぞれの固有の「みえ方」の交流がなされることから、「鑑識眼」の育成が多元的、複眼的に促進される場であるといえます。このような授業研究によって培われる**子どもの「事実」から「意味」を見出す**教師の力量は、「子ども（の現

象）を見ているが、子ども（の意味）が見えていない」という、教師と子どもの危機的な状況を回避し、数年先、数十年先の学校教育現場の足腰の強さとなって返ってくることでしょう。

とりわけ、幼稚園や小学校では、教師は子どもの生活全体を丸ごと抱えながら、複雑で多様な事実を関係付けつつ適宜成長を支援していくことが大切です。そこでは、「ハウ・ツー」として理論を実践にあてはめる（「実践の理論化（theory into practice）」）姿勢だけではなく、実践の中にある理論を見出す**「実践の中の理論（theory in practice）」**姿勢こそが重要になります。それは、教室の特殊性・文脈性・物語性・突発性・固有性の下で、目の前の子どもにどのような事実が起きているかを意味としてとらえ、それを複眼的に解釈しながら実践知を高めていく「みえ方」の力量形成につながるものだからです。

(2) 言語活動の質的な解釈を行う事後研究会

特に国語科における「活用」の授業では、〈活用できたか・否か〉という二分法で正誤を判断する評価ではなく、言語活動において「言語能力を活用した『程度や具合』」を具体的な追究の文脈や子ども固有の育ちの情報と関連付けてとらえ、形成的に意味付け・価値付けながら指導に生かしていく教師の質的評価の力量が不可欠となります。このような国語科における「活用」の授業の評価の考え方は、知識や技能が本当に身に付いているかどうかを、実際の文脈で本当に使えるかどうか、として評価する**「真正の評価（authentic assessment）」**の考え方と合致するものです。言語能力が本当に身に付いているかどうかを評価するということは、具体的状況や文脈においてどのように言語能力を活用してどのように問題を〈よりよく〉解決しているか、という学習過程のあり様をとらえることであり、その程度や具合を状況や文脈の条件に照

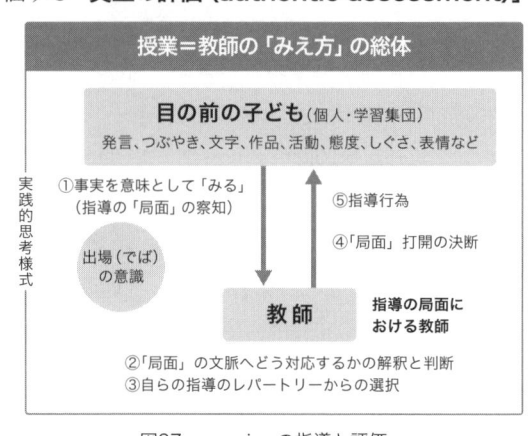

図37 on-goingの指導と評価

らして質的に評価を行い必要な指導を施すということに他なりません。

　したがって、実際の指導場面において言語活動の「質」を高めるためには、子どもの言語活動に並走しながら、多様な言語表現の質を「鑑識眼」によってとらえ、それに対して、**「今、まさに働きかける契機」**として**出場（でば）となる「局面」**を察知する教師の力量が前提となります。そして、その指導の「局面」において、目の前の子どもにどのような**フィードフォワードの働きかけ**が必要か、そのために、自らの指導のレパートリーの中から何を選択し実行するのか、**on-goingに言語活動の「質」を高める**ため具体的な「指導」と一体化するものだといえます（図37）。

表4 熟達教師の「鑑識眼」の特徴

特徴	内容
重層的な解釈	ある事実を同時にできるだけ多様な複数の視点から解釈しようとする
関係的な解釈	ある事実を他の事実と関係付けて解釈し、新たな意味を見出そうとする
価値的な解釈	ある事実を学習目的や教育的なねらい・願いに照らして解釈しようとする
物語的な解釈	時間・場所・対象が異なる複数の事実を文脈化し、事実を児童固有の成長の物語の一部として解釈しようとする

　右表に示すように、授業における教師の「みえ方」は、**若手教師よりも熟達教師の方が、より重層的、関係的、価値的、物語的な解釈**を伴っています。このような「みえ方」である「鑑識眼」は、本来、熟達教師と若手教師とが日常的なコミュニケーションを通して無意識に共有・継承してきた経験的な力量でありました。しかし、近年、熟達教師が大量退職し若手教師が急激に増加していく過程で、専門職として子どもを質的・総合的にとらえる能力が十分に涵養されないままキャリアを深める教師が増加し、子どもの複雑な問題状況に対応する力量が低下する危惧が生じてきたのです。

　このような教師の質的評価力の力量を高め涵養していくために、授業事後研究会が重要となります。事後研究会では、授業という固有のドラマの中で繰り広げられた子どもと教師の事実の持つ意味を解釈し合い、「子どもは（教師は）ここでなぜそういう発言をしたのか」「子どものこの発言をどのようにとらえればいいのか」「この場面の子どもの発言に教師はどう対応することが考えられるか」等を考察し合うことによって、刻々と変化する授業場面において機能する教師の実践的な能力を洗練させていきます。

　校内の多様な教師の「みえ方」を交流し、「鑑識眼」を育成するために、例え

ば図38に示すような具体的手順として授業事後研究会を運営することが大切です。

　第一に、授業開始前において、司会者は、模造紙を4枚程度つなぎ合わせた黒板大の横長の用紙を会場の前面掲示として準備し、そこに本時指導案の活動分節ごとの枠組みを記入します。**(当初想定したストーリーの把握)**

　第二に、授業開始前において、授業を参観する全教員に対して、「授業を参観して、気になった子どもや教師の言動の具体的事実を一つ見つけておくように。」と教示し、授業後、各教師が一枚ずつ配布された付箋紙に自らが特定化した事実を記載します。**(実際のストーリーにおける"重要な出来事"の抽出)**

　第三に、授業中において、記録者は子どもと教師の言動および関係性等を可能な限り正確に記録しておきます。それは、例えば、子どもと教師の発言プロトコルとして整理し、授業事後研究会における解釈に活用できるように準備します。この際、児童名は一人称の固有名で記載することに留意しておきます。

　第四に、授業を参観した教師全員が、事実の特定化を行った付箋を前面掲示の授業全体像の中に順次位置付け、その事実にかかわる自らの解釈を表現し交流し合います。この際、司会者は、教師の解釈の価値を意味付けたり、教師相互の解釈を関連付けたりしながら、本時の構造的な特徴の顕在化を図ります。**(特徴あるドラマとしてのストーリーの解釈)**

　第五に、解釈の交流によって焦点化された、参観者の関心が集中している特定の事実について、その事実に対する再解釈を行ったり、授業改善に向けた他の方策の検討を複数の教師で協働的に行ったりして、現実的で具体的な指導改善に結合させます。**(ドラマを生んだ事実にかかわる省察)**

　第六に、付箋を貼付し構造化した前面掲示に授業記録を添付して保管し、授業事後研究会ごとに蓄積します。そして、過去の授業事後研究会の履歴を解釈にあたっての手がかりとしたり、校内の教師集団が多様な「鑑識眼」を涵養している点を顕在化し、今後の育成の方向性を見出したりします。

第Ⅱ章 単元をどうデザインするか

1 模造紙の準備
（時間軸・活動の枠・意識の柱・評価規準）

→授業を一連の構造でとらえる力

2 各自が付箋に発話記号を記載

→授業の中で意味のある具体的事実を見出せる力

3 付箋の貼付と具体的事実に対する解釈の説明

→「わたし」の指導観・子ども観に照らして解釈し批評する力

4 司会者（prompter）としての役割
（関連付け、キーワード、類型化等）

→「私」と「他者」との解釈の仕方の共通点、相違点の自覚

5 授業の「相」を全員で把握する
（授業のヤマ、鍵となる発言等）

→授業を一つの価値あるストーリー・ドラマとしてとらえる力

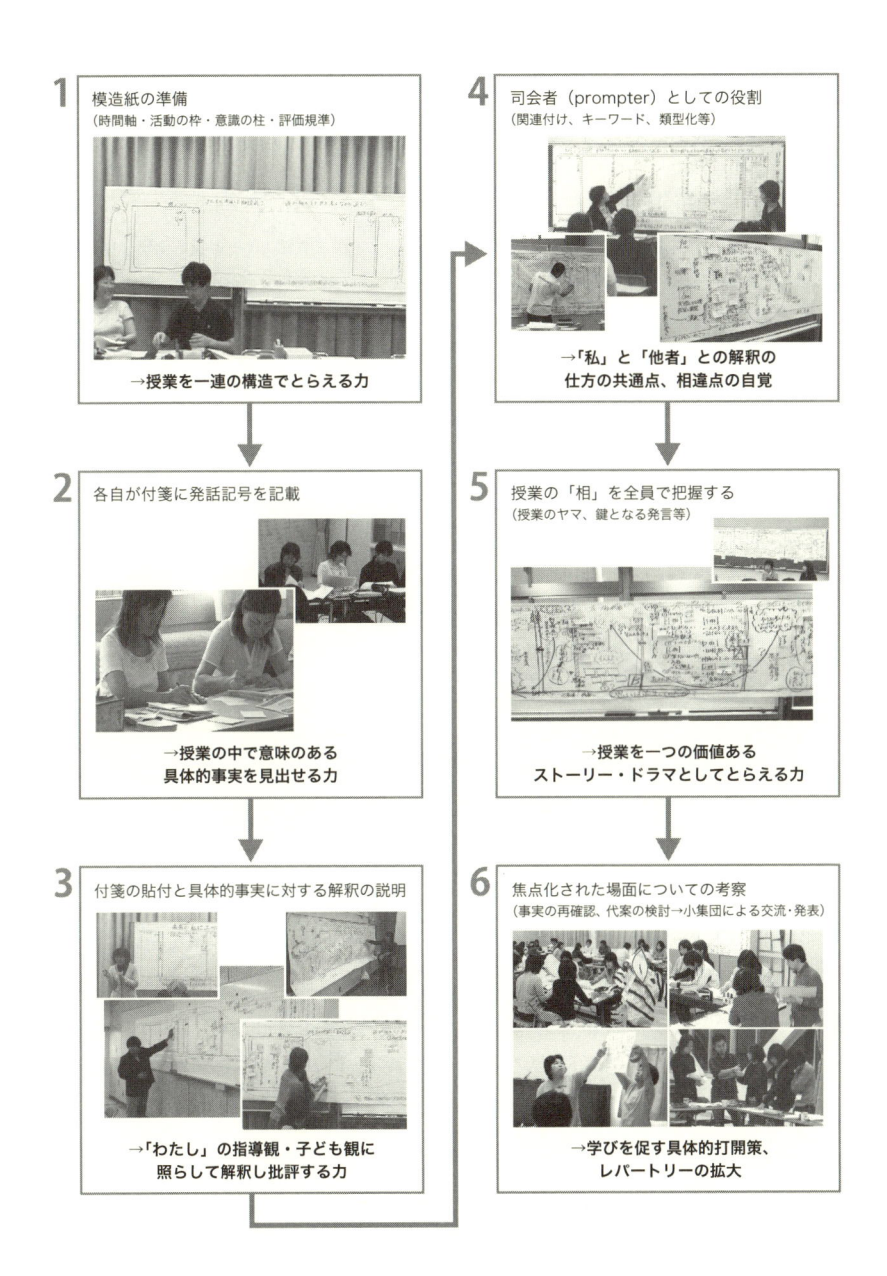

6 焦点化された場面についての考察
（事実の再確認、代案の検討→小集団による交流・発表）

→学びを促す具体的打開策、レパートリーの拡大

図38　教師の「みえ方」を交流する授業事後研究会の具体的方法

▶ 第Ⅱ章 単元をどうデザインするか

表5　教師の「みえ方」を交流する授業事後研究会の方法と意義

手順	方法	力量形成としての意義
①	黒板大の横長の用紙を会場の前面掲示として準備し、そこに本時指導案の活動分節ごとの枠組みを記入する	授業を俯瞰し、一連の構造としてとらえる教師の力量を育てる
②	各教師が一枚ずつ配布された付箋紙に授業の特定化した事実を記載する	授業の中で意味のある事実を見出し抽出する教師の力量を育てる
③	教師全員が、事実の特定化を行った付箋を前面掲示の授業全体像の中に順次位置付け、その事実にかかわる自らの解釈を表現し交流し合う	個性的で個別的な「わたし」の指導観・子ども観に照らして事実の意味を解釈し批評する教師の力量を育てる
④⑤	解釈の交流の際に、教師の解釈の価値を意味付けたり、教師相互の解釈を関連付けたりしながら、授業全体の構造的な特徴の顕在化を行う（司会者〈Prompter〉）	「わたし」と他の教師との解釈の目の付け所や内容の共通性や差異性を自覚化させる。また、授業の「相」を特徴的に把握し、授業を一つの価値あるストーリー・ドラマとしてとらえる教師の力量を育てる
⑥	焦点化された特定の事実や、解釈の多様な特定の事実について、その事実に対する再解釈や、授業改善に向けた他の方策の検討を協働的に行う	参観した実際の授業の文脈上における現実的・具体的な打開策の多様な想定によって、解釈に基づいた各教師の指導のレパートリーを拡大させる

　このような授業事後研究会では、付箋紙や模造紙を使うこと自体が大切なのではありません。このような道具を用いて大事にしたいことは、一つひとつの具体的事実の関係をとらえながら、授業を一つの意味ある塊、文脈として意味をとらえていくことです。授業の一つひとつの事実を**「ストーリー」**の中に位置付け意味付ける営み、また、授業を固有のストーリーとして見た時、45分間あるいは50分間にどのような**「ドラマ」**が生まれ、生み出され、**意味のある物語**として紡がれたのか授業構造の中に位置付け解釈を公開し合う行為こそが重要なのです。この時、授業研究における教師の表現が急激に抽象化・概念化して、実践の言語と乖離しないよう注意する必要があります。

　活用の「程度」や「具合」を教師が解釈しながら形成的・臨機応変的に指導と評価を行っていく上で、「子どもの具体的なすがたの意味をみとり解釈する」力量は必要不可欠なものとなります。授業事後研究会は、具体的な授業の事実を見合うことを通して、言語活動の「質」の向上に向けて子どもをとらえ、働きかけていくための複眼的・重層的な「みえ方」を育成していく絶好の機会で

あるといえます。

〈文献〉
・拙論「小学校教師の『鑑識眼』に関する一考察―熟達教師と若手教師の授業解釈の差異性に着目して―」『学校教育研究No.26』日本学校教育学会、2011年
・拙論「教師の専門的力量を高める授業研究のあり方」『教育フォーラム41』金子書房、2008年

▶第Ⅱ章 単元をどうデザインするか

19 全ての「読む」単元を「関係付ける思考」としてとらえよう
—テキストの内側と外側から—

「読む」単元で思考力を鍛えるためには、「関係付ける思考」として単元をとらえることが重要です。それは、**テキストの内側の情報の関係付け**と**テキストの外側の情報との関係付け**の二側面から考えることができます。

「読むこと」の授業へのアプローチ

テキストの内側	テキストの外側
・叙述を正確に読む ・行間を読む ・作品世界を読む	・読んだことを目的に活かす ・内容や形式を吟味、評価 ・能力を別の場で活用する
読み浸る	メタ思考する

年間指導計画の視点からバランスよく

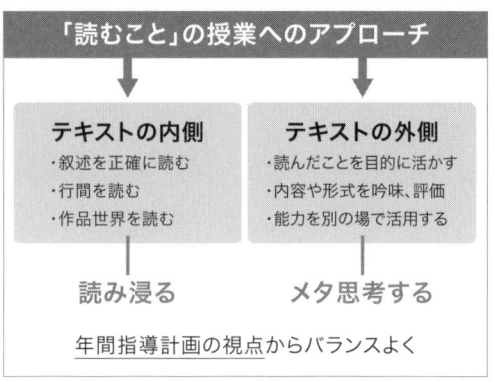

図39 テキストの内側と外側

①テキストの内側の情報の関係付け

これは、これまでわが国の国語科における読解の授業においても重視して取り組まれてきた視点です。この点にかかわって、小学校学習指導要領解説においても「説明的な文章の解釈に関する指導事項」および「文学的な文章の解釈に関する指導事項」について、「文章の解釈とは、文章に書かれた内容を理解し意味付けることである。具体的には、今までの読書経験や体験などを踏まえ、内容や表現を、想像、分析、比較、対照、推論などによって相互に関連付けて読んでいく」として言及されています。また、PISA調査で求められた「読解リテラシー」においても、**「解釈」**という読解のプロセスとして、テキストの一つあるいはそれ以上の部分をもとに解釈や推論ができる力が重視されています。具体的に授業化する際には、例えば右に示すような「関係付ける読み」を単元に位置付けます。

○部分に書かれていることを読む
○部分と部分とを関係付けて読む
○部分と文章全体とを関係付けて読む
○部分と題名とを関係付けて読む

図40 テキストの内側を関係付ける

ここでいう文章における「部分」とは、語句、文、段落、場面、題名等です。すなわち、テキストの内側の情報の関係付けとは、文と文、場面と場面、場面と展開、題名と段落構成等の多様な組み合わせが考えられます。これらの**多様な「部分」の関係付け方**は、学習指導要領の各学年の指導事項に示された内容と照らし合

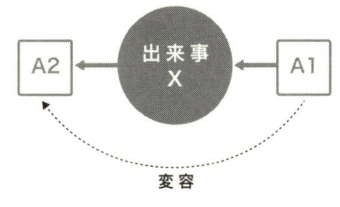

図41 文学作品の基本的構造

わせながら、授業者によって適切に選定されることが重要です。例えば、文学的な文章の場合、その基本的構造は、左図のように登場人物A1が出来事XによってA2に変化（変容する）展開となっています。この構造を考えれば、「人物A1をA2に変えたものは何だろう」「出来事Xは人物をどう変えただろう」「A1とA2の人物のすがたを比べよう」等の関係付けて思考する読みが想定されます。

　その際、「何と何とを関係付けて何を考えるのか」という点が、例えば次のような発問として教師から子どもたちに具体的に示されることが必要です。

・「スイミーが目になれたのはどうしてか、これまでの出来事・スイミーの行動から考えてみよう」
・「ごんの気持ちを大きく変えた出来事は何だろう。その出来事の前と後のごんの気持ちを比べよう」
・「『ヤドカリとイソギンチャク』という題名になっている理由を、書かれている事を理由に説明しよう」
・「大造じいさんのかりうどとしてのすごさを、残雪の頭領としてのすごさと関係付けて説明しよう」

　このように、**文章の中の「部分」に書かれている内容を他の「部分」と関係付ける**ことを通して、「一つの文章の価値を読み深める」ための思考が促されることとなります。「PISA型読解力」「活用型単元」の必要性が叫ばれる一方で、従前よりわが国が大切にしてきた「一つの文章を読み深める」という授業も、このような思考力を鍛える活動を確実に含めることによって、決して否定することなく年間指導計画に確実に位置付けることが重要です。また同時に、学年に求められる関係付けを考慮せずに卒業まで「部分の精読」に終始していないかという問い直しも必要でしょう。

②テキストの外側の情報との関係付け

　一方、今後の国語科の読解の授業では、書かれている内容に読み浸る「テキストの内側に立つ」学びだけでなく、多様なテキストを相対化し、書かれている内容や形式について評価や吟味を行う**「テキストの外側に立つ」**学びも求められることとなります。この点にかかわって、小学校学習指導要領解説においても、「C読むこと」の指導事項の中の「効果的な読み方に関する指導事項」として「高学年で、目的に応じて、本や文章を比べて読むなど効果的な読み方を工夫すること」、また、「目的に応じた読書に関する指導事項」として「高学年では、目的に応じて、複数の本や文章などを選んで比べて読むこと」が言及さ

れています。また、PISA調査で求められた「読解リテラシー」においても、テキストを自分の経験、知識、考えと関係付けて**「熟考・評価」**できる力として重視されており、そこでは、テキストから一歩ひいた位置か

```
○文章全体と作者の生き方とを関係付けて読む
○文章と他の文章とを関係付けて読む
○文章を他の形式のテキストと関係付けて読む
○文章と自分の経験・生き方とを関係付けて読む
○文章と既習の学習内容とを関係付けて読む
○文章の内容と形式とを関係付けて読む
```

図42 テキストの外側を関係付ける

らテキストの特徴をとらえ、思慮深く論理的に吟味・判断し、主体的にその情報を活用し評価しようとする高次なメタ思考が求められています。具体的に授業化する際には、例えば図42に示すような「関係付け」が考えられます。

　これらの関係付ける対象は、物語、解説、記録等の連続型テキストだけでなく、図表やグラフ、地図、広告等の**非連続型テキスト**も含めたものであり、同ジャンル・異ジャンル間での関係付ける活動も想定されます。また、ここでも「何と何とを関係付けて何を考えるのか」という点が、例えば次のような発問として教師から子どもたちに具体的に示されることが必要です。

```
・「資料Aと資料Bとを関係付けて、○○○を伝える『○○○新聞』の記事として考えをまとめよう」
・「筆者の主張に合う表や写真を資料集から選ぼう」
・「賢治が題名を『やまなし』としたわけを、賢治の伝記を手がかりに生き方と関係付けて考えよう」
・「2つの投書のどちらに賛成するか、書かれている事と自分のこれまでの経験を関係付けて説明しよう」
・「あなたはどんな職業に就きたいですか。3人のインタビュー記事の内容と関係付けて発表しよう」
・「この物語の4場面の役割（効果）について考えよう」
```

　本書で焦点を当ててきた「input→思考・判断→output」の展開の単元は、「テキストの外側の情報を関係付けて読む」ことによって思考力を鍛える授業です。私たち教師には、今後の世の中を生きていく子どもたちが、テキストの内側と**外側の双方のアプローチからテキストを読み解く思考ができる**よう、学校教育の中で指導しておく責任があるのです。

〈文献〉
・拙論「言葉を通して思考力を育む ―関係付けて読む授業を通して―」『教育フォーラム43』金子書房、2008年

第Ⅲ章

本時をどうデザインするか

▶ 第Ⅲ章 本時をどうデザインするか

1 言語活動の「質」を問う45分間

　「言葉の力」を育てるための「言語活動の充実」とは、単に授業の中で子どもたちが「話す」「聞く」「書く」「読む」という言語活動を「行っている」ことにとどまるのではなく、「言語活動の『質』を問い直す」という教師の働きかけによって、具体的な目的・状況下においてどのような言語運用がふさわしいかという**「思考を深める」ことが伴う**ということに他なりません。その際、〈わたし〉の考え（言葉）が〈わたしたち〉の中でより価値あるもの・意味あるものとして深まるためには、**教師の意図的な関与**が不可欠です。「学び合い」「ひびき合い」「高まり合い」などの研究テーマを掲げた学校も多いですが、これら「合い」の中に、教師の意図的な「関与」とそれによる思考の深まりが一体として具体的に検討されなければならないということです。

　言い換えれば、「言語活動の充実」とは、「言語活動を通して思考が深まる」ことであり、そこには「言語活動の『質』を高める」教師の存在が不可欠だということです。すなわち、思考は自然発生的に「深まる」のではなく、**教師の意図的な関与によって「深め・る」**ものだということです。

「言語活動の充実」＝言語活動を通して思考が深まる

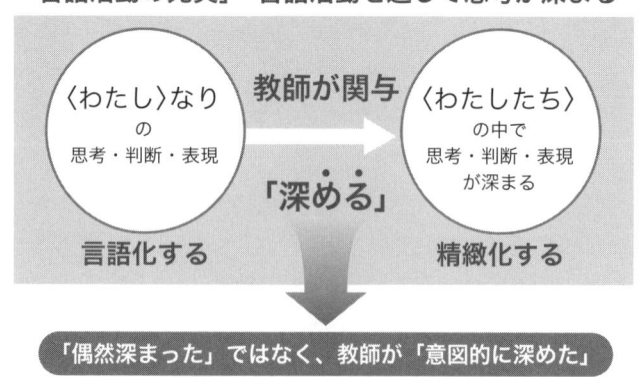

〈わたし〉なり
の
思考・判断・表現

言語化する

教師が関与

「深める」

〈わたしたち〉
の中で
思考・判断・表現
が深まる

精緻化する

「偶然深まった」ではなく、教師が「意図的に深めた」
「深める」ために教師は何をしたか

第Ⅲ章 本時をどうデザインするか

　では、言語活動の「質」を問うためには、教師は具体的に何をすればいいでしょう。この点について、私たちは一時間の授業の中で教師の具体的な指導の行為をイメージすることが大切です。
　本書では、言語活動の「質」を問う授業における教師の行為として、**言語化された子ども一人ひとりの考え方の〈ずれ〉に着目し、〈ずれ〉を生かしながら思考を深化させる**教師の働きに注目します。

言語活動の「質」←形成的に働きかけて高める

「ずれ」に着目した指導	
「ずれ」を生み出す	発問
「ずれ」を見出し、見極める	机間指導／評価言
「ずれ」を際立たせる	かかわりの組織
「ずれ」を生かす	授業の山場／ゆさぶり
「ずれ」の価値を見える化する	板書

「ずれ」を焦点化し吟味しながら思考を深める指導

　「ずれ」に着目し授業を展開する教師の働きは、決して奇抜な方法によるものではありません。従前より先輩教師たちが授業を通して大切にしてきた、「発問」「板書」「机間指導」などの不易の基本的な授業力に下支えされて機能するものです。教師の年齢構成の急速な若年齢化が進む今日、言語活動の「質」を問うためには、これらの基本的な授業技術の大切さに立ち返ってみることが大切です。奇をてらうような斬新な方法論の模索だけでなく、教師としての当たり前の授業力を磨くことが、言語活動の「質」を高めることにつながるということを校内で確認してみましょう。

▶第Ⅲ章 本時をどうデザインするか

2 言語活動の「質」を問う教師の授業力
――子どもの思考の〈ずれ〉に着目する教師――

(1) 発問・・・〈ずれ〉を生起させる契機

　言語活動の「質」を高める授業を実現するための第一歩として、まず教師の「発問」のあり方に注目してみましょう。

　「発問」は「質問」ではありません。一般にいう「質問」とは、「答えを知らない人」から「答えを知っている人」に投げかけられる問いです。一方、教師の**「発問」とは、「答えを知っている教師」から「答えを知らない子ども」に投げかけられる問い**です。したがって、発問後、答えを知っている教師が、「正答」の子どもの発言に対してのみ、即刻「そうですね」と反応する授業ほど、「答え」を知らない子どもにとっては過酷な問いかけをしているということです。こうなると、子どもは教師に「そうですね」と言って欲しいがために、ひたすら我こそ先に「正答」を追い求めるいわゆる「ハイ、ハイ授業」となるのではないでしょうか。教師が望む特定の「正答」がいち早く出現するために、子どもに思考を許さない発問です。

　このような一問一答型で正答が固定化されている発問（単純回答型発問）や、〈はい・いいえ〉で回答するにすぎない発問（Yes-No型発問）に終始する授業では、子ども同士の豊かな言葉の交流は望めません。

　例えば、「大造じいさんの仕事は何でしたか？」「ごんがここで何と言いましたか？」等の正解が特定された間口の狭い問いではなく、「大造じいさんはどんなかりうどだといえるだろう？」「ごんがここで言ったことの意味を、前の場面のごんの言葉と比べて考えてみよう」と問うことによって、子どもの着目点や発想の幅を認め、多様な考え方を言語化できる契機を広げてやることが大切です。固定化された答えのみ反応し誘導していく一問一答型の授業や、教師から一方的な伝達注入型の授業では、言語活動の「質」を高めるなどできるはずがありません。

　このように、言葉の力を育てる授業においては、**子どもが〈わたし〉なりに思考したことを言語化する契機**となり得るように、**「間口の広い」問い**として投げかけることが大切です。子どもの目の付け所や関係付けの仕方が多様に保障されることによって、子ども個々の**思考に〈ずれ〉を生起させる**のです。この

ことが、まずは言語活動の「質」を高める授業づくりのスタートとなります。
　さて、次に留意しておきたいのは、言語活動の「質」を問う授業においては、子どもが全体で考えを交流する場面に目が行きがちですが、実はその前の段階、つまり、子ども個々人が教師の問いに対して自分の考えをつくることができるか、そして、子どもが自分の考えをつくるにあたって教師はどうかかわっているか、という点を看過してはいけません。

(2) ひとり学び…問いに対する〈わたし〉の考えの言語化

　子どもたちは、前項で述べた教師の間口の広い発問を受けて、「自分はこう思う」「自分はここに根拠を見出した」という個々の考えや着眼点を表現しようとします。ここで教師は、発問直後に子どもの直感的な考えを取り上げるのではなく、子どもたち個々人に**「書かせる」**ことによって自分の考えを構成し可視化させる過程をくぐらせることが重要です。ここで教師は、自分の考えを**書くための方法や視点**を子どもたちに示してやり、自分の力でできるようになるための「手びき」として、学びにいざなってやる働きが求められます。
　例えば、次ページの図1は、兵庫県丹波市立中央小学校の村上教諭が3年国語科『ビーバーの大工事』(東京書籍2年下)の説明文を用いて『ビーバーのすごさブックを作ろう』という活用型の単元を実践した際に作成したワークシートです。
　村上教諭は、教科書教材からinputした『ビーバーの大工事』の情報から、「ビーバーのすごさブック」の要件に照らして必要な情報を選択させ、その情報を「すごさ」という視点から関係付けた理由の形でoutputさせようとしています。しかし、3年生の子どもたちからすれば、「すごさ」の具体は文中のあちこちに感じられるものの、それが、「すごさ」という情報をとらえるためのどのような視点や枠組みで位置付いているのかが見えにくいのが現実でしょう（たとえ、それまでに本文を教材文を学習しているとしても）。そこで、村上教諭は、「自分の力で書けるようにするためのてびき」として、ワークシートに「すごさの見付け方」「わけの書き方」等、自分の考えが書けるようにするための手助けとなる方法、視点を例示しています。もし、このワークシートでも言語化することが困難な子どもには、書き出しを示してやったり、教師のモデルを具体的に示してやったりするようなさらなる支援も考えられるでしょう。白い罫線だけの要旨を配布して「自分の考えを書きなさい」という丸投げの指示だけでは、

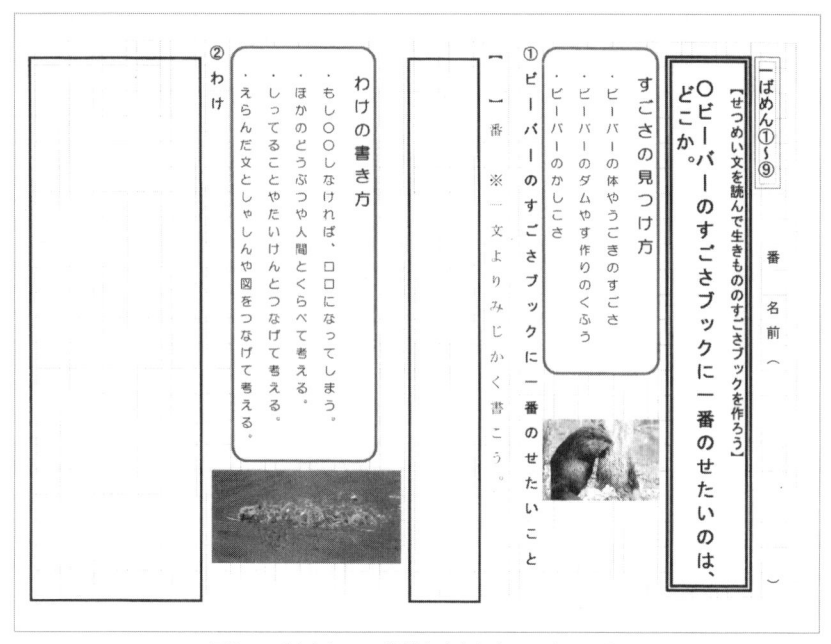

▶第Ⅲ章 本時をどうデザインするか

```
［せつめい文を読んで生きもののすごさブックを作ろう］
一ばめん①〜⑨                     番  名前（        ）

○ビーバーのすごさブックに一番のせたいのは、どこか。

すごさの見つけ方
・ビーバーの体やうごきのすごさ
・ビーバーのダムやす作りのくふう
・ビーバーのかしこさ

①ビーバーのすごさブックに一番のせたいこと
［    ］  ※一文よりみじかく書こう。

わけの書き方
・もし○○しなければ、□□になってしまう。
・ほかのどうぶつや人間とくらべて考える。
・しってることとやたいけんとつなげて考える。
・えらんだ文としゃしんや図をつなげて考える。

②わけ
```

図1　てびきとしての機能を内包したワークシート

自分の考えを構成することができない場合が多いものです。書けるように方法やモデルを示してやるのです。

　このように「間口の広い」問いかけによって、子どもたちの考えに「ずれ」を生起させることができたならば、次に子ども個々人の立ち位置をひとり学びで言語化できるように、てびきの機能を含めたワークシートを作成、配布し、**個々人の言語化の面倒を見てやる**ことが、教師には必要です。

(3) 机間指導…「ずれ」を見出し、見極める

　机間指導とは、決して子どもの活動を監視したり、行儀よく学習に取り組んでいるのかチェックしたりするための巡回ではありません。机間指導は、子どもの〈わたし〉なりの感じ方・考え方、判断の仕方を言語化する場面に行う教師の重要な働きの一つです。言い換えれば、机間指導は子どもの思考（言葉）に対して形成的に**質的評価を行いながら次の活動を指導する際の手がかりを得る**重要な場面であり、教師の「みえ方」が問われる重要な局面であるといえます。

　机間指導の場面では、教師は主に次の三つの働きを行うことが重要です。

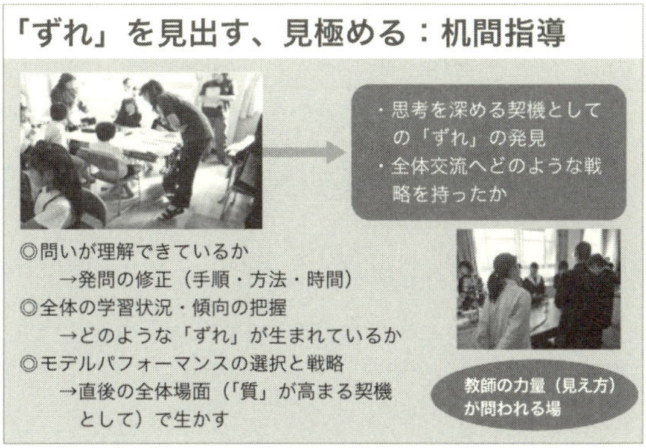

第一の働きは、直前に指示した発問に対して、子どもが考えを十分に「言語化」ができていない場合、即座に問いに修正をかけることです。

もし、自分の発問が機能していないことを察知したならば、課題に対する各自の作業を一旦中断

「ずれ」を見出す、見極める：机間指導

・思考を深める契機としての「ずれ」の発見
・全体交流へどのような戦略を持ったか

◎問いが理解できているか
　→発問の修正（手順・方法・時間）
◎全体の学習状況・傾向の把握
　→どのような「ずれ」が生まれているか
◎モデルパフォーマンスの選択と戦略
　→直後の全体場面（「質」が高まる契機として）で生かす

教師の力量（見え方）が問われる場

図2　机間指導の3つの働き

させて、視点や手順等の思考の方法をより具体的なスモールステップな内容として噛み砕いて提示したり、考えを言語化する作業時間を延長したりして、考えたことを「何を」「どのように」言語化するのかを時間をとって明確化する必要があるということです。この機会は、子どもの思考を言語化させる上で重要なステップであり、机間指導の直後に全体で考え方を交流するための「個の言葉」を生起させるための最終ラインであるといえます。すなわち、机間指導とは、「どうもおかしい、子どもが動いていない」「自分の発問の意図が理解されていない」といった**状況を察知**し、思考する内容と言語化する方法をあらためて指導すべきかどうかという即時的で臨機応変的な教師の判断が問われる場面であるといえるのです。

第二の働きは、子ども個々人の考え方の特徴やつまずきの状況を把握するだけでなく、学習者全体としての**思考の「傾向」をつかむ**ことです。その際、机間指導を行う教師の背景には、「期待するすがた」としての「評価規準」を子どもが思考の深まる方向として具体的に意識しておくことが大切です。つまり、思考の深まってほしい方向に対して、今、目の前の子どもたちはどのような位置にあるのか、全体的な傾向と状況をつかみ、直後の活動で思考を深めていくための**戦略を立てる**のです。

授業研究の場で、しばしば個々人の考えを記入した座席表が参観者に配布されることがありますが、これは授業者が子どもの思考の実際とその傾向を把握した結果を可視化したものであるといえます。単に個々の子どもの書いた考えを「転記」したものではなく、子どもの考え方の偏りや傾向としてどのように

▶第Ⅲ章 本時をどうデザインするか

解釈し、それを次の活動にどのようにつなげていくのかを、「考察」して生かしていくことが大切です。図3は、兵庫県明石市立高丘西小学校の加古教諭が授業で用いた座席表です。座席表に子ども一人ひとりの考え方を記入しながら、全体としての考え方の特徴や傾向を把握し、それを次時の交流活動の思考深化のきっかけとして生かそうとしています。「私の解釈と授業への糸口」として加古教諭が記した内容は、単なる子どもの考えの記録にとどまるのではなく、「個々の子どもの思考を深めるために次どうするか」という強い意志を感じます。

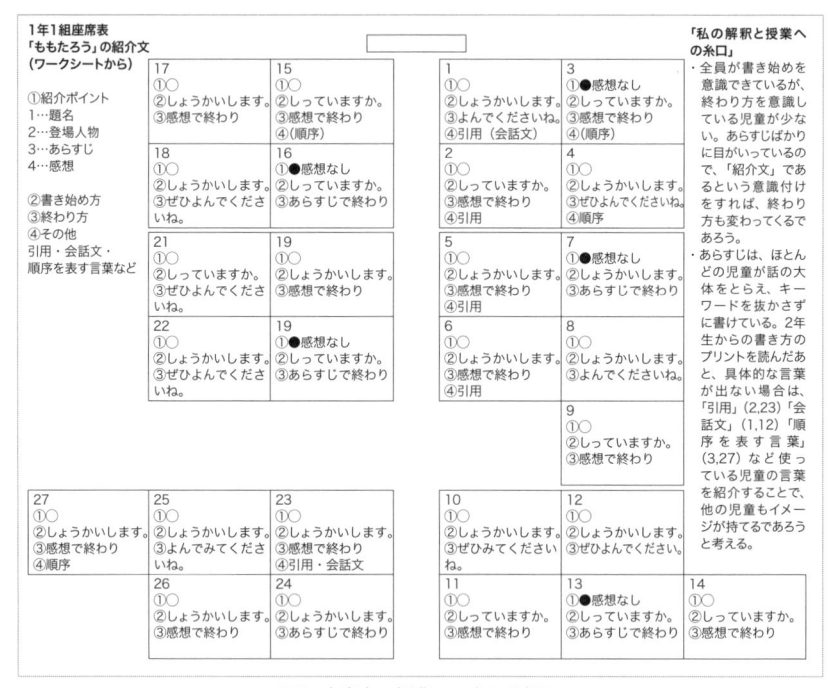

1年1組座席表「ももたろう」の紹介文（ワークシートから）						「私の解釈と授業への糸口」
①紹介ポイント　1…題名　2…登場人物　3…あらすじ　4…感想　②書き始め方　③終わり方　④その他　引用・会話文・順序を表す言葉など	17　①○　②しょうかいします。　③感想で終わり　④順序	15　①○　②しっていますか。　③感想で終わり　④順序	1　①○　②しょうかいします。　③よんでくださいね。　④引用（会話文）	3　①●感想なし　②しっていますか。　③感想で終わり　④順序	・全員が書き始めを意識できているが、終わり方を意識している児童が少ない。あらすじばかりに目がいっているので、「紹介文」であるという意識付けをすれば、終わり方も変わってくるだろう。・あらすじは、ほとんどの児童が話の大体をとらえ、キーワードを抜かさずに書けている。2年生からの書き方のプリントを読んだあと、具体的な言葉が出ない場合は、「引用」(2,23)「会話文」(1,12)「順序を表す言葉」(3,27) など使っている児童の言葉を紹介することで、他の児童もイメージが持てるであろうと考える。
	18　①○　②しょうかいします。　③ぜひよんでくださいね。	16　①●感想なし　②しっていますか。　③あらすじで終わり	2　①○　②しっていますか。　③感想で終わり　④引用	4　①○　②しょうかいします。　③ぜひよんでください。　④順序	
	21　①○　②しっていますか。　③ぜひよんでくださいね。	19　①○　②しょうかいします。　③感想で終わり	5　①○　②しょうかいします。　③感想で終わり　④引用	7　①●感想なし　②しっていますか。　③あらすじで終わり	
	22　①○　②しょうかいします。　③ぜひよんでくださいね。	19　①●感想なし　②しっていますか。　③あらすじで終わり	6　①○　②しょうかいします。　③感想で終わり	8　①○　②しょうかいします。　③よんでくださいね。	
				9　①○　②しっていますか。　③感想で終わり	
	27　①○　②しょうかいします。　③感想で終わり　④順序	25　①○　②しょうかいします。　③よんでみてくださいね。	23　①○　②しょうかいします。　③感想で終わり　④引用・会話文	10　①○　②しょうかいします。　③ぜひみてくださいね。	12　①○　②しょうかいします。　③ぜひよんでください。	
		26　①○　②しょうかいします。　③感想で終わり	24　①○　②しょうかいします。　③あらすじで終わり	11　①○　②しょうかいします。　③感想で終わり	13　①●感想なし　②しっていますか。　③あらすじで終わり	14　①○　②しっていますか。　③感想で終わり

図3　座席表で授業への糸口を探る

第三の働きは、机間指導後の互いの考え方を交流し合う場面で活かすことのできる**モデル・パフォーマンスをとらえる**ことです。

机間指導直後の全体の交流場面で、ある子どもの一つの考え方を全体の場に提示・紹介することによって、〈わたし〉の考え方が〈わたしたち〉の中でより質の高い学びへの深化する転換点となる場合があります。言い換えれば、机間指導は、その直前の発問とその直後の意見交流とを一連の学習展開として機能させるために、授業の**「しかけ」を見出す**重要な場面であるといえます。とは

いえ、机間指導という限られた時間の中で、全ての子どもの学習状況を把握し、価値あるパフォーマンスを選択し提示することは若手教師にとっては難易度が高い指導技術です。むしろ、授業時間内に個々の考えをしっかりと書かせる指導を行い、それを授業後に解釈・把握して次時に臨むことが大切です。

このように、机間指導においては、子ども個々人が表現した「言葉」の持つ意味とその「ずれ」を見極め、集団として**思考を深化させる契機となる「言葉」の存在を見極める**力量が必要です。子どもの思考の表れとしての言葉の意味や価値を即座にみとりながら、その子どもの学びがさらに高まるように働きかけたり、全員で考え方を交流する際にどの考え方を焦点化して取り上げていくのか選定をしたりする机間指導は、教師自身の「みえ方」の力量が大きく問われる場面なのです。

(4) 言葉かけ（評価言）・・・個々の考えに価値として光をあてる

子どもは、教師の問いに対して、自分なりに感じたこと、考えたことを言語化（文字化・音声化）しようとします。その言語化は、一定の時間が確保・保障された教室の学びの中で、教師の机間指導によって言語化の状況を見守られ、価値付けられる場面につながっていきます。

さて、読者の皆さんは机間指導の場面で何をしているでしょうか。「ファイト！」「しっかりやりなさい」「ちゃんとしなさい」を連呼してはいないでしょうか。大好きな先生に「頑張れ！」と励まされて笑顔は一瞬見せたとしても、教師が何をどうやってがんばるのかを具体的に示していないがために、結局子どもは立ち往生することになります。「しっかり泳ぎなさい」「ちゃんと書きなさい」も同様で、何をもって「しっかり」「ちゃんと」なり得るのかを具体的に提示しなければならないということです。教師から何も言わず語りかけず、ひたすら「巡回」をしたり、「すごいねえ」と口では言いながら手元の評価簿には「C（不十分）」と記入するような二重評価は言語道断です。

言葉かけ（評価言）は目の前の子どもの活動のすがたに対して、その意味や価値をみとり、それを言葉として子どもに返していく最も日常的な評価活動です。教育的価値の内容と方向（評価規準）を熟知している教師だからこそ可能な専門的力量であるといえます。教育的価値を知る教師は、例えば次ページ図4のような多彩な言葉かけのレパートリーを駆使しています。

▶第Ⅲ章 本時をどうデザインするか

```
◇同調・・・・「そうそう、いいね」
◇確認・・・・「うん、〜なんだね」
◇強化・・・・「それは大事なことだよ」
◇焦点化・・・「ここに注目してごらん」
◇意味付け・・「それはこういうことなんだね」
◇例示・・・・「たとえばこうしたらどうかな」
◇指示・・・・「こうしてごらん」
```

図4　多様な角度で意味付ける評価言

　このような言葉かけ（評価言）は、子ども個々人の考えを**意味付けるという行為**であり、子どもが自分自身の言語化した考えの価値を自覚化することに還元されて、学びは価値の高い方向へ促されることになります。つまり、「言葉の力」を育てる授業では、曖昧・抽象的で、子どもに迎合するような甘ったるい言葉かけではなく、極めて**具体的でタイムリーな教師からの「指導の言葉」**としての評価の言葉かけが不可欠なのです。

　加えて、言葉かけは結果のみを値踏み判定を下すようなものであってはなりません。活動や学習の進行過程で子どもと並走しながら、言葉かけは、次の活動や学習が深まっていくために促し、子どもの学びの「手を引いて」やることが目的です。そのためには、「あなたの○○はこういう点がいいね。でも、あとこの点を考えてみたらもっと良くなるよ。」等の、**フィードフォワードの情報を含めた言葉かけ**であることが大切です。言葉かけは、授業の子どもの状況をon-goingにとらえつつ行う行為である場合や、子どもの書いたものに対して授業後にコメントを入れる場合もあるでしょう。いずれの場合も、子どもの思考の深化を形成的に促すために、子どもが**言語化した思考の価値を見極める**教師の力量が問われることになります。

　例えば、図5は小学校第2学年生活科「実のなるしょくぶつを育てよう」の観察カードです。20代の若い教師がこのカードにコメントを入れました。

　A児は、一人一鉢で育てているミニトマトの成長の様子を見て気付いたことを観察カードに言語化しています。

　6月2日の「わたしはトマトをかんさつしました。すごくまえよりもトマトのにおいがしました。はっぱをさわってみたらまえはやわらかかったのに、かた

第Ⅲ章 本時をどうデザインするか

くなっていました。毛がいっぱいありました。ねもとのぶぶんだけ太くてふしぎでした。」というＡ児の記述に対して、教師は「かたくなってどんどん大きくなるね。」というコメント（言葉かけ）をしています。また、6月9日の「わたしは、トマトをかんさつしました。わたしのトマトには、つぼみが八つで、はなが三つでした。はなのまん中にトマトのつぼみができていました。なぜかトマトは赤色なのに、黄色でした。花も黄色でした。でも、花のつぼみは、みどり色でした。」という記述に対しては、「花のつぼみや、花のまんなかのトマトのつぼみを見つけたね。これからが楽しみだね。」というコメント（言葉かけ）をしています。

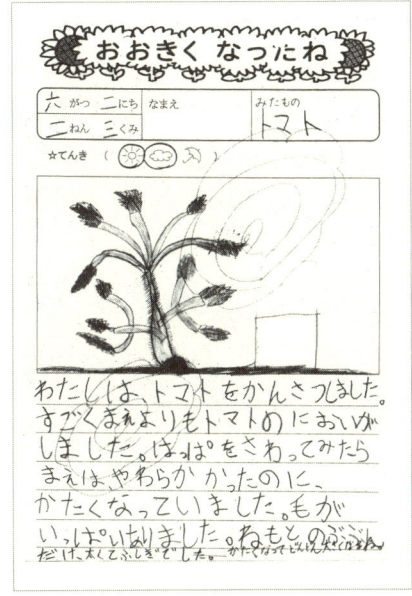

図5 生活科観察カードにおけるＡ児の言語化と教師の言葉かけ（評価言）

　これらの教師の言葉かけは、Ａ児の発見の驚きや喜びの記述を共感的に受けとめようとしているもので、Ａ児なりの追究の文脈に寄り添おうとする教師の構えが反映しているものといえます。しかし、コメントの内容は、Ａ児の観察の「内容（つぼみの変容・成長）」に重点が置かれ、生活科の観点である「気付き」の着眼点を価値付けることは行っていないものだともいえます。例えば、「鼻、手ざわり、目（色、数）、と発見のアイテムがふえているね。これからも使ったら大はっけんができるかもね。」といったコメント（言葉かけ）によって、

87

A児の気付きの着眼点の多様性と、着眼点が増加していることを価値付けし、それが今後の観察に活用できるものであることを示唆することもできるでしょう。また、A児の気付きのよさを、学級全体の中のモデルとして取り上げ、A児のカードに書かれている内容を全員で考え合う活動によって、A児の気付きの着眼点は、さらに学級全員の子どもたちの**思考を「質」を高める契機**とすることもできるでしょう。

このように、**個々の子どもの頑張りや伸びを認めつつ、教科のねらいと照らしたフィードフォワードな言葉かけ（評価言）** に心がけることが大切です。力量のある教師は、個々の子どものこだわりやつまずき、時には、その活動場面から遡った過去の子どもの状況と、目の前の子どもの活動のすがたとを関連付けながら言葉かけを駆使しています。言葉かけ（評価言）は、子どもを一人称の存在として理解していることを前提に、目の前の子どもの具体的な状況に対して最も効果的と思われるものを臨機応変に判断・選択し投げかけていく教師の責任ある行動なのです。子どもの思考の質を形成的に高めていくために、言葉かけ（評価言）は非常に効果的な手段であるといえましょう。

(5) かかわりの組織・・・「ずれ」を際立たせる

いよいよ個々の考えの言語化（ひとり学び）を終えて、他者と考えを交流・吟味する場面になると、子どもの思考の「ずれ」を際立たせながら、子どもの多様な言葉を絡ませ合いながら学習を展開し深化させていく教師の働きが必要になります。

言葉の力を育てる授業においては、〈教師―子ども〉の方向に偏重して発話が展開されるのではなく、〈子ども―子ども〉の方向で話し合いが深化するように、**教師が思考のつながりを生むために介在する**ことが必要です。その

教師のリボイシングとしての価値付け

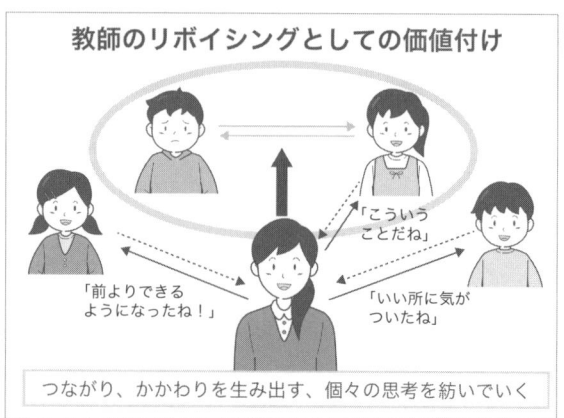

「前よりできるようになったね！」　「こういうことだね」　「いい所に気がついたね」

つながり、かかわりを生み出す、個々の思考を紡いでいく

図6　教師のリボイス

第Ⅲ章 本時をどうデザインするか

ためには、図6に示すような、「分かった子ども」と「分からない子ども」とをかかわらせる働きかけ、子どもの発話の意味をみとり、ある子どもの言葉と別の子どもの言葉とをかかわらせる働きかけが意図的に行われることが大切になります。

例えば、教師は子どもの発言の意味を別の言葉で置き換えて他の子どもに問い返したり、複数の子どもの発言を類型化して各自の立場から他の立場の考えを問うたりするのです。このような、子どもの発言を他の言葉で意味付け返していく行為を**「リボイシング」**と呼び、共通の課題について言葉を重ね合いながら解釈の多様性を知り、妥当性を高めていく上で大切な教師の関与になります。また、図6に示すように、リボイシングは、〈子ども−教師〉間で行われるだけでなく、〈子ども−子ども〉間で行われることが、共同的に学習を進めていくことができる集団の特徴であるといえます。

このような個々の子どもの考えに対して価値付けるリボイスや、子ども同士の考え方の共通点や相違点を焦点化したり類型化したりして、思考にゆさぶりをかけていく働きかけは、子どもたちの発言の意味を聞き取り、いわば縦糸と横糸の形に**「子どもの思考を紡ぎ出す」**教師の働きであるといえます。それは授業においては、図7に示すような具体的な教師の言葉を伴う関与として見出されることになるでしょう。

図7 教師のリボイスによるかかわりの紡ぎ出し

すなわち、〈わたし〉が言語化した考えが〈わたしたち〉の中で深まる学びを創り出していく上で大切なことは、**「かかわり合いは自然発生しない」「かかわり合いは教師が組織する」**ということなのです。発問後の教師は、「正答」を探しながら子どもの発言を聞くのではなく、どの考え（言葉）と、どの考え（言

89

▶第Ⅲ章 本時をどうデザインするか

葉)とを絡み合わせるかを考えながら聞き、その後の展開を組織するのです。言葉の力を育てる授業では、子どもの発言に介在し、つながりを生み出すような働きかけを行うことによって、**個々の言語表現の〈ずれ〉を思考の「ずれ」として際立たせ、絡み合わせ、価値ある思考に紡いでいく**という教師の働きが重要なのです。

(6)「授業の山場」と教師の出場(でば)‥‥「ずれ」を生かす

　子どもたちは、教師から発問で提示された課題に対して、〈わたし〉なりの考え方を言語化することによって、その考えを意味や価値として自覚化し、他者との交流場面に立ち向かいます。〈わたし〉の言葉が、独善的な「わたしぼっち」の言葉にとどまるのではなく、広く他者との間で認められ価値ある考え方として位置付いたり、さらには**他者との交流を通して考え方がより精緻化**し高次な考え方に高まったりすることが大切です。

　そのためには、子ども個々人の発言

このような本時の展開になっていませんか?
児童の活動
1. ○○○○を考える
2. ○○○○を考える
3. ○○○○を考える
4. ○○○○を考える

活動の並列！

1時間の授業に「山場」はあるか?

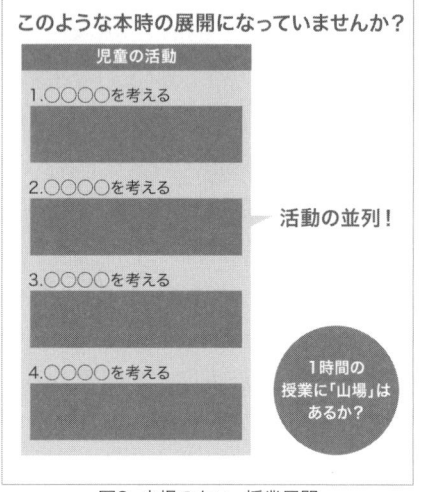

図8　山場のない　授業展開

を順々に発言させるだけに終始する単なる「発表会」にとどまっていては言葉を通した思考の深化は期待できません。言い換えれば、本時の授業展開を、図8に示すような「ざぶとん重ね型」の並列した活動の組み合わせではなく、**「授業の山場」に向かう一連の流れとしてデザイン**することが大切になります。「授業の山場」とは、1時間の授業の中で次のような場面のことです。

> ・1時間の活動の中心
> ・思考がもっとも深まる場面
> ・本時のねらい（評価規準）に接近させる
> ・子どもが「賢くなる」ところ
> ・教師の出場（でば）を伴う

また、このような「授業の山場」で子どもの思考を深めるためには、個々の子どもの思考を紡ぎながら、ねらい（評価規準）に接近させるための教師の意図的な出場（でば）を伴うことが、「授業の山場」が思考を深める局面として機能する上で不可欠となります。

「授業の山場」に思考を深める教師の出場を包含する1時間の授業は、図9のような構成で表すことができます。自分なりの「話し方」「聞き方」「読み方」「書き方」を他者と交流し吟味し合う活動で、よりよい「話し方」「聞き方」「読み方」「書き方」についての新たな分かりや気付きを得ることによって、**思考のステージを上げる**授業です。言い換えれば、言語活動の「質」を問う授業です。

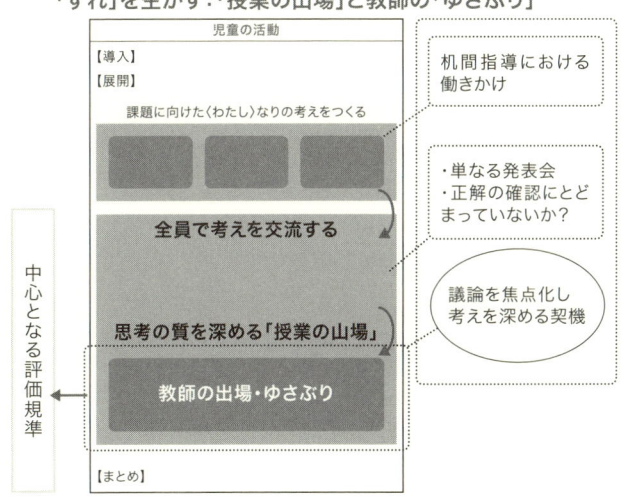

「ずれ」を生かす：「授業の山場」と教師の「ゆさぶり」

図9　山場のある授業展開

このような「思考を深める授業」においては、教師がより質の高い〈わたしたち〉の考え方となるように**意図的な「ゆさぶり」**をかける、という**教師の「出場（でば）」**が必要です。思考を深化させる契機としての教師からの「ゆさぶり」は、例えば次ページ図10のような、教師の意図的な働きかけとして準備しておくことが大切です。いずれの場合も、子ども個々人の言葉を比べたり関係付けたりしながら、思考を深化させるために意図的に教師が介入する働きかけです。このような「ゆさぶり」を確実に機能させるためには、課題に対する個々

▶ 第Ⅲ章 本時をどうデザインするか

の子どもの考えの特徴や傾向を机間指導や事前のワークシート・ノートに目を通すことによって把握し、本時の学びの価値の方向である評価規準と照らして、**どのような次の一手を打つことが必要かを授業の戦略として準備**しておくことが大切です。

教師の「ゆさぶり」
○1つの象徴的な考え方をモデルに焦点化して考える
○複数の考え方を比べる
○関係性（矛盾点や対立点）の存在を取り上げる
○新たな角度の見方や考え方の視点を提示する　等

議論を焦点化し考えを深める契機

→「深めどころ」における意図的な教師の出場（でば）として

図10　授業の山場における教師のゆさぶり例

　次ページの図11は、ある若手教師の一時間の中での言葉を全て書き出し、授業事後研究会でその意味を話し合ったものです。授業は、第1学年の説明文教材『いろいろなふね』（東京書籍）であり、子どもたちは前時に「きゃくせん」の役目・しくみ・働く様子を学んだ後、本時の「フェリーボート」の「すごいと思う所」を交流しています。図11では教師の言葉のみが抽出して記載されていますが、これらの教師の言葉は、実際の活動展開の中では、子どもの発言に対して臨機応変に対応しながら発せられています。子どもの言葉を肯定的に受容する教師の**「受けとめる言葉」**、発言を意味付けて返していく教師の**「意味付ける言葉」**、子どもの言葉と他の子どもの言葉とを関係付けようとする教師の**「つなぐ言葉」**、学習方法を説明したり手順を指示したりする教師の**「教える言葉」**が豊かに繰り出されることが分かります。

　しかし一方で、それまでの子どもの思考とは異なる着眼点の発言に対する教師の発言（T16）が行われているにもかかわらず、それを契機として思考が深化される話題の焦点化につながっていないという点が、実際の授業事後研究会で議論になりました。すなわち、前時の「きゃくせん」と本時の「フェリーボート」の説明の仕方の共通性に気付いた発言を契機に、例えば「今、きゃくせんとフェリーボートが同じだっていう意見が出たよ。違うふねなのに『同じ』書き方をしているところを見つけてごらん。」という「ゆさぶり」が、十分に教師に想定されていなかったのではないかということです。このような「ゆさぶり」

によって、個々のふねの内容に集中している子どもたちを、それぞれのふねを「比べてみる」という思考にいざない、同じパターンで繰り返される説明の仕方の存在や説明文全体のおおまかな構成に気付くことができるのです。

　子どもが他者と相互に考えを交流する活動の中では、〈ずれ〉を知る教師が子どもの言葉を**受けとめ・価値付け・関係付け**ながら、子どもたちの**思考を意味あるものに紡ぎ出す**のです。さらに思考を深化させるために教師は「出る」のです。それは、**「偶然育った」ではなく、「意図的に育てた」といえる授業**として言語活動を表面的な活動主義に陥らせないために不可欠なのです。

（ 1 ）　手の挙げ方が上手ですね。
（ 2 ）　ゆっくり、しっかり読めたね。
（ 3 ）　よい声だよ。
（ 4 ）　上手です。
（ 5 ）　がんばって読めました。
（ 6 ）　鉛筆一本抜き出して、フェリーボートのすごいなあと思う所の右側に船を引く。時計が12と1の間になったらみんなに教えてもらうよ。
（ 7 ）　ええとこ見付けてるよ。
（ 8 ）　今日もたくさんすごい所を見付けられそうですね。
（ 9 ）　何がすごいんか、理由も考えられたらいいですね。
（10）　発表の時に「何番を見てください」って言ってあげてね。
（11）　竜之介を助けてあげてください。
（12）　上手に言えたね。理恵さん続けてください。
（13）　おぉっ、新しい所に来ましたよ。
（14）　自分のしたことと一緒に言えるのも大事ですね。
（15）　「たくさん」いうたら「いっぱい」ということ。よく気がついたね。
（⑯）　ほほう、昨日勉強した客船と比べたんやね。
（17）　わけの言い方もとっても上手。
（18）　なるほどねえ。
（19）　ほんまやね。
（20）　「はこぶ」いうとこ、ええとこ見付けたよ。
（21）　「いっしょに」。大事な言葉やね。
（22）　難しい人は先生の見て書いていいよ。
（23）　きれいに書けたね。うまい、うまい。
（24）　静かに待ってまだの人を応援してあげてね、書けた人。
（25）　書けた人は自分の書いたきれいな字を見ながらね、「役目」か「工夫か」を考えておいてください。

A：ほめる・励ます言葉　　B：意味付ける・価値付ける言葉
C：教える言葉　　　　　　D：広げる・つなぐ言葉　　　　E：鍛える・ゆさぶる言葉

図11　ある若手教師の授業中の言葉

(7) 板書・・・「ずれ」の意味と価値を可視化する

　教師は、教室での教育活動においては毎時間といっていいほど、黒板に板書を行っています。あなたは日頃、次のような板書を行ってはいないでしょうか。

> 子どもが言ったそのままを書く
> 4色以上のカラフルさ
> 準備された短冊ばかり
> 授業中いったん全部消す

　板書は、単なる発言の「記録」の道具ではありません。子どもが自分なりの考えを言語化したものを、教師が学びのステージに位置付けていく重要な教師の働きであるといえます。板書の構造は、そのまま教師の教材解釈の構造を表します。そして、発言する子どもの考えを、板書のどの位置に、どのような言葉で位置付けていくのかという点は、子どもの発言の意味をとらえる教師の見え方の力量であるといえます。

　「言葉の力」を鍛える板書とは、第一に、〈わたし〉の考えが仲間とつながるという特徴があります。それは、仲間との言葉の交流が、〈わたし〉の考え方として言葉の特質を際立たせ、他者と言葉を比較し見直していくことによって考えが精緻化していくからです。

　第二に、〈わたし〉の考えが教材の構造や価値の中に位置付くという特徴があります。それは、「言葉の力」を鍛える授業においては、個々の発言をそのまま出し合うことは重要ではなく、むしろ、一人ひとりの一つ一つの考え方の意味について、板書に位置付けられた多様な言葉を関係付けながら、より高次な思考に導いていくことが重要だからです。

　次ページに示したのは、国語科2年説明文教材『さけが大きくなるまで』（教育出版）と、6年文学教材『やまなし』（光村図書）の指導において事前に教師が作成した板書計画です。

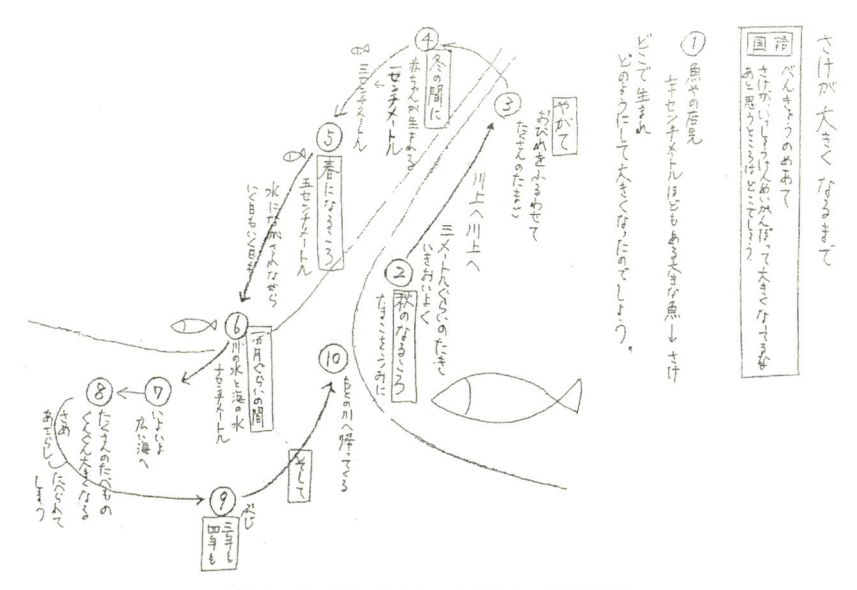

第Ⅲ章 本時をどうデザインするか

図12 2年『さけが大きくなるまで』の板書計画

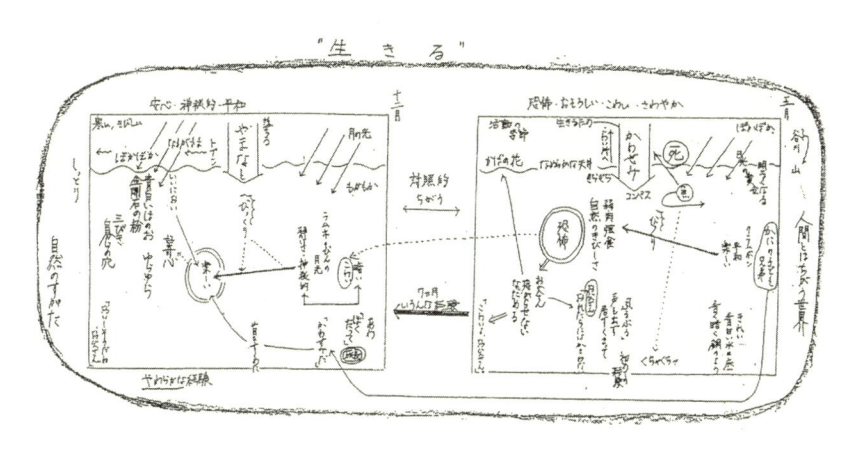

図13 6年『やまなし』の板書計画

　これら二つの事例を見ても分かるように、「板書を見れば、指導する教師の力量が見える」と言っても過言ではないほど、教師の意図が反映されています。図12の2年説明文教材『さけが大きくなるまで』の板書計画には、①さけの一生の循環性が見える、②文章の構造の特徴である「問い─答え」の関係が見える、③

物事の順序性を時間的な流れの中でとらえることが見えるように接続詞を顕在化して示す、の三点の意図がうかがえます。一方、図13の6年文学教材『やまなし』の板書計画では、①作品の構造の特徴である「五月と十二月の対称性」が見える、②かにの親子の心情の変化や成長などの変容が見える、③水中に飛び込んでくるものとかにの心情との関係性が見える、④水中に飛び込んでくるものの象徴性（「カワセミ」→恐怖・死、「やまなし」→平和・安息）が見える、⑤作品の持つテーマの存在が見える、の五点の意図がうかがえます。

このように、授業を終えた子どもたちが板書を見た時、この一時間で自分たちの学んできた意味や足あとが分かるよう、**板書を「構造的」に示す**ことが大切です。子どもの側からすれば、「ああ、**この1時間で学んだことはこういうことだったのか**」と思えるような板書です。日常から同僚の授業を見合う中で、優れた板書のイメージをレパートリーとして蓄積していきましょう。

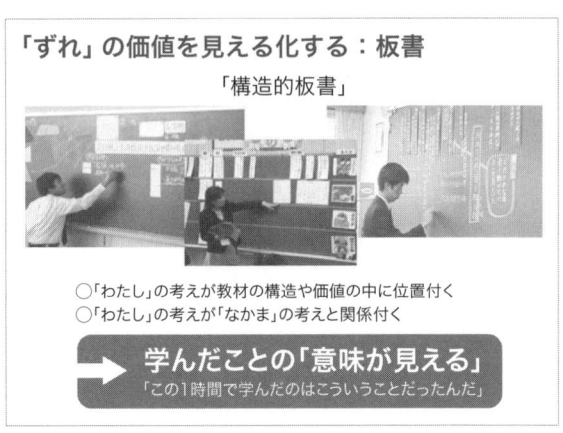

図14 構造的板書

以上、述べてきた「発問」「ひとり学び」「かかわりの組織」「机間指導」「言葉かけ（評価言）」「授業の山場とゆさぶり」「板書」等の授業技術は、実は、先輩の教師から継承されてきた基本的で不易のものばかりです。言い換えれば、時代が変わり求められる授業像が変容しても、教室で教師と子どもが繰り広げる学びの空間においては、必要視される教師の働きかけは大きくは変わらないということです。とりわけ、「言葉の力」を育てる授業においては、互いの言葉を丁寧に聞き合い、意味付け合いながら、さらに学びを深化させていこうとする教師と子ども、子どもと子どもの関係性が前提となって授業が展開することは言うまでもないことなのです。

第Ⅳ章

教科共通の思考力を育てる

▶第Ⅳ章　教科共通の思考力を育てる

(1) 教科共通の思考力の存在に着目する

　さて、現在の学習指導要領の「言語力の育成」「言語活動の充実」は、言葉は思考の道具であり、人は言葉によって思考する、という視座に立っています。ですから、「話す」「聞く」「書く」「読む」の言語活動が、問題を解決するための具体的な思考につながっているということを意識して指導することが重要です。「思い付き」の「楽しい」「印象に終始した」言語活動とは一線を画す、根拠のある論理的な思考として言語活動が行われることが求められているということです。

　例えば、小学校3年説明文教材『世界の家めぐり』（東京書籍・下）では、世界各国の家のつくりの特徴が、「気候」「材料」「くらし」の3つの視点で関連付けた根拠として説明されています。子どもたちは、教材文に掲載されているモンゴル、チュニジア、セネガルの家を対象に、それぞれの家の特徴を「気候」「材料」「くらし」の3つの視点から分析し、3つの視点を関係付けて説明する学習に取り組みます。さらに、日本の家の特徴について同様の視点から分析し説明する活用型の単元構成が想定されています。世界の家のつくりへの驚きやおもしろさを根拠にした読みに終始するのではなく、家の特徴のどの視点とどの視点とを取り上げればその国の家の特徴が説明できるかという判断、および複数の視点を関係付けてどのように説明すればよいかという思考が適切になされることが求められるのです。とりわけここでは、「物事を一定の視点から比べてとらえる」という「分析」の思考の仕方が学習過程で主に発揮・伸長されるということになります。

　それは物語文でも同様です。小学校2年物語文教材『お手紙』（東京書籍2年・上、光村図書2年・下）においては、物語冒頭に登場人物のがまくんとかえるくんが玄関に座って語り合う挿絵と、物語終末で同様に二人が玄関に座って語り合う挿絵が描かれています。この教材を用いた学習では、しばしば冒頭の挿絵と終末の挿絵を比べて「何だか最初と最後では表情が違うね。二人に何があったんでしょうね。」という問いかけを行います。ここでは「比較」という思考を用いて、表情が変わった理由を物語中盤の展開から読み取っていきます。また、「表情が変わった結果」を生起させた原因となる出来事を探していく読みにおいては、「因果関係」の思考を用いて物語を構造的に読み解いているということになります。「比較」「因果関係」の思考は、『ちいちゃんのかげおくり』（光村図

書3年下）の物語冒頭のかげおくりと物語終末のかげおくりの違いに着目して、物語展開にその理由となる出来事を求める学習や、『サラダでげんき』（東京書籍1年・下）において、病気のお母さんのためにサラダをつくってくれる登場人物（犬、すずめ、あり、うま、白くま、アフリカぞう）の「反復」する行動を比較する読みでも用いられる思考の仕方であるといえます。

　このように、国語科の「読む」という言語活動に限って考えても、言語活動を通した思考にはいくつか共通するものが見出せます。さらに視点を広げて考えてみると、これらの思考は、どの教科においても用いられるものであり、学校のあらゆる活動で子どもたちの思考場面で発揮されるものであるといえます。例えば、先に挙げた「比較」という思考の仕方は、理科で「葉」の様子に着目して異なる植物を観察して考察したり、社会科で降水量の視点で日本各地の都市の特性を比べたりする思考とつながるものでしょう。逆に言えば、教師が「比較」の思考の仕方を意識した指導を行うことによって、確実にその教科・単元に必要な思考の深まりを得ることができるのです。

　このような国語科も含めての教科共通の「思考の仕方」を育てるという考え方は、これまでの研究でも言及されています。濱本は、「国語科で育てる基礎的な学力は、発音・文字・語彙・文法・文章に関する知識とその運用力であり、国語科で育てる基本的な学力は、言語活動力と認識諸能力および自己学習力である。」と主張し、とりわけ、認識諸能力と自己学習力が全教科で育てる学力であるとしています。また、西郷は、物事の認識方法（ものの見方・考え方）は小学校段階で「比較・順序・理由・類別・条件・構造・選択・仮説・関連」などおよそ十ぐらいあるとして、それらを低学年・中学年・高学年と順を追って系統的に指導すべきであると述べています。櫻本は、説明文教材を分析し、そこに見出される子どもの思考について、「比較・順序・類別・理由付け・定義付け・推理」を焦点化しています。これらの先行研究は、全ての教科に汎用可能な思考の仕方の存在に言及している主張であるといえます。

　ここで、教科共通の力として育てていくべき「思考の仕方」を次ページの表に示す20に整理し、それぞれの「思考の仕方」について定義付けを試みました。それぞれの「思考の仕方」を、各教科における具体的単元の活動の中に意図的に埋め込むことが、言語活動が這い回ることなく思考する場として機能させることになると考えます。

教科共通として育てていくべき「思考の仕方」と定義（勝見、2014）

直感・想像	実際に経験していないこと、現実に実在していないことの心象を心に浮かべる力
比較（類似・対比）	複数の物事を「違いに着目して」「同じ所に着目して」「似たような所に着目して」比べて考える力
判断	ある物事について、自分の考えを決定する力
類推	類似点に基づいて、他のことを推し測る力
整理	無作為に存在する複数の情報を、一定の枠組みや視点を用いて、いくつかのまとまりとして再構成する力
類別	比較に基づく物事の多様な見方の中から、目的に合うものを選び、それを観点に、いくつかの事象を他と区別したりまとめたりする力
分析	ある物事を分解して、それを成立させている成分、要素、側面を明らかにする力
選択	いくつかあるものの中から適当なものを選び出す力
収集	必要な情報や資料を集める力
創作	独創的に新たに物事を創り出す力
評価・批判	対象について一定の評価を与えるために、その対象の価値、能力、正当性、妥当性等について吟味・検討する力
変換	ある物事を別の様式やコードを用いて再構成して表現する力
因果関係	「物事の結果を引き起こした主な原因」「物事の判断をくだした主な理由」「連鎖や循環をなす因果関係」等の原因や理由を求める力
順序	「物事の順序」「時間の順序」「位置関係の順序」「因果関係の順序」「関心の強さや重要さの順序」等の順序をたどり考える力
定義付け	物事の観点に名付けたり、物事を簡潔に表現したりするために使われる言葉について、その意味内容を明確に定める力
要約	物事の大切な部分を抽出し、再構成することによって、簡潔な情報として表現する力
照合	複数の物事を照らし合わせ、ある観点や内容の存在の有無について確かめる力
適合	ある物事を、別の物事の場合においても成立することができるように考える力
解釈	ある物事について、そこの内包される意味や価値として説明し直す力
推理	知っていることを基礎にして、知らないことや分からないことについての事実を、筋道を立てて推し測る力

(2) 問題解決の過程で必要となる思考を埋め込む

前ページで示したような「分析」「比較」「選択」「類推」等の「思考の仕方」は、どの教科等においても汎用可能な教科共通の思考であり、それは国語科のみならず全ての教科・領域において意識して育成することが大切となります。ここで留意したいのは、これらの「思考の仕方」の一つ一つを個別にとらえて育て伸ばしていこうとするのではなく、子どもの実際の一連の追究の文脈上で必然・有用な思考の連続として位置付けるという点です。

図1は、具体的な単元（物語文教材の『木かげにごろり』（東京書籍3年・上）の展開において、どのような「思考の仕方」が必要かを検討して流れを示したものです。

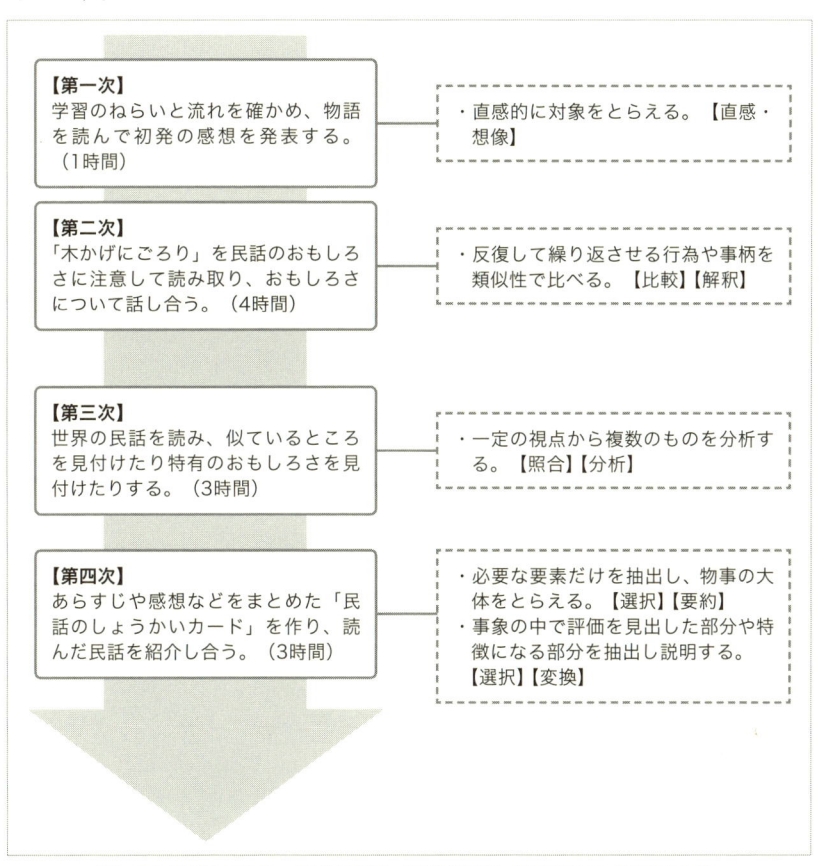

【第一次】
学習のねらいと流れを確かめ、物語を読んで初発の感想を発表する。（1時間）

・直感的に対象をとらえる。【直感・想像】

【第二次】
「木かげにごろり」を民話のおもしろさに注意して読み取り、おもしろさについて話し合う。（4時間）

・反復して繰り返させる行為や事柄を類似性で比べる。【比較】【解釈】

【第三次】
世界の民話を読み、似ているところを見付けたり特有のおもしろさを見付けたりする。（3時間）

・一定の視点から複数のものを分析する。【照合】【分析】

【第四次】
あらすじや感想などをまとめた「民話のしょうかいカード」を作り、読んだ民話を紹介し合う。（3時間）

・必要な要素だけを抽出し、物事の大体をとらえる。【選択】【要約】
・事象の中で評価を見出した部分や特徴になる部分を抽出し説明する。【選択】【変換】

図1 『木かげにごろり』（全11時間）の活動展開と内包される「思考の仕方」

例えば、『木かげにごろり』では、『世界の民話のおもしろさを「民話しょうかいカード」にまとめる』という追究の目的のもと、「紹介としてまとめる」ためにどのようにすれば良いのかについて、その読み方と書き方をモデル教材としての『木かげにごろり』で習得し、その読み方や書き方を活用して自分の紹介しようとする民話を説明するという一連の問題解決の過程として扱われます。
　子ども側からすれば、自分の担当する（選んだ）民話を「何とかうまく紹介したい」「ここが面白いということを伝えたい」という構えが生まれているということが大切です。主体性が伴った追究だからこそ、該当の「思考の仕方」が効果的に発揮・伸長されると考えるからです。思考を書面上で位置付けるための机上の話になりがちですので注意したいところです。

（3）思考を促すための具体的な働きかけを考える

　「思考の仕方」は、位置付け網羅すること自体が意味を持つものではなく、授業における具体的な学習内容、実際の具体的な活動の中に必然として埋め込まれて初めて発揮・伸長されるものです。そして、実際の教室で「思考の仕方」を指導しようとするならば、該当の単元の内容や活動のレベルで、教師の具体的な働きかけとして準備しておくことが必要となります。

　例えば、次ページの表は、第3学年の教科書（東京書籍）の全ての説明文教材および物語文教材を対象に、各単元における主な「思考の仕方」とその思考を促すための教師の問いを想定し例示したものです。

　説明文教材『自然のかくし絵』では、「【定義付け】ある事象の意味をさまざまな情報と関連付けて説明する。」の「思考の仕方」を促すために、「ほご色とはどんなものだと筆者は、考えているか①②段落から見つけて、11文字【□□□□□□□□□□□のこと】で答えましょう。」という具体的な問いが想定されます。また、「【比較】【分析】一定の視点から比較し、異なる対象の相違点を整理する。」の「思考の仕方」を促すために、「こん虫がどのようにてきから身をかくしているのか、コノハチョウ、トノサマバッタ、ゴマダラチョウの身のかくし方のを表にまとめてみましょう。」という問いが想定され、一定の視点からそれぞれを分析し比較しやすい形式のワークシートが作成されることになります。

　このように、学習課題や発問の角度の付け方、ワークシートの形式、活動の展開の仕方、話し合いの論点やゆさぶりのかけ方など、教師の具体的な働きかけのレベルで、該当する思考が促されたか、それによって教科・単元のねらいに接近するすがたが見られたかを見取りながら、実際の指導に連動した授業研究が行われることが大切です。

　さらに、単元末や学期末のペーパーテストにおいても、漠然とした問い、意図の不明瞭な設問を羅列するのではなく、その単元で取り上げた「思考の仕方」に対応する文言・名辞を用いた設問として準備し、確実にその評価を行うことが「言語活動を通して思考力を育てたか」ということの問い直しになります。

▶ 第Ⅳ章 教科共通の思考力を育てる

小学校3年「読むこと」単元（東京書籍）・中心となる「思考の仕方」および対応する問い（一部）

月	単元名	領域	指導すべき「思考の仕方」	問いかけの名辞および評価問題例
4月	すいせんのラッパ	読む(物語)	◆目的に応じて必要な情報を収集し整理する。【収集】【整理】 ◆いくつかの事象を根拠に、実際経験していないことや、現実に実在しないことを想像する。【直感・感想】【解釈】【類推】 ◆情報から読み取ったことを、ある表現様式で表す。【変換】	○「三場面でまめつぶみたいなかえるの様子や気持ちが分かるところに線を引いて、表にまとめてみましょう。」「手がかり→会話・様子」 ○「まめつぶみたいなかえるの会話文、『ラッパ？あ、その金色のラッパそうだったの……。ありがとう。』の……の部分に、言葉を入れるとしたら、どんな言葉が入るでしょう。 ○「『うれしいな。うれしいな。うれしいな。ぴこぴん・ぴこぴん・ぴこぴんぴん。』の言葉を音読する時、どのように音読するとよいでしょう。音読記号を本文に書き込みましょう。」 【大きな声＝】【小さな声－】【高い声○】【低い声●】【速く→】【ゆっくり…】
5月	自然のかくし絵	読む(説明文)	◆ある事象の意味をさまざまな情報と関連付けて説明する。【定義付け】 ◆一定の視点から比較し、異なる対象の相違点を整理する。【比較】【分析】 ◆結果と原因との関係を、具体的な例を通して説明する。【因果関係】	◇「ほご色とはどんなものだと筆者は、考えているか①②段落から見つけて、11文字の言葉で答えましょう。」【□□□□□□□□□□□のこと】 ◇「こん虫がどのようにてきから身をかくしているのか、コノハチョウ、トノサマバッタ、ゴマダラチョウの身のかくし方を表にまとめてみましょう。」 ◇「ほご色が役立つ場合と役立たない場合は、どんな時かを説明しましょう。」
	ゆうすげ村の小さな旅館	読む(物語)	◆いくつかの事象を根拠に、実際に経験していないことや、現実に実在しないことを想像する。【直感・想像】【解釈】【類推】 ◆結果と原因との関係を、具体的な例を通して説明する。【因果関係】 ◆時間の順序をたどり目的に応じて必要な情報を収集し整理する。【順序】【収集】【整理】 ◆必要な要素だけを抽出し、物事の大体をとらえる。【選択】【要約】	○「つぼみさんや美月は、どんな人物でしょう。行動や会話を手がかりに考えそれぞれの人物像を次のように書きましょう。 ・つぼみさんは、〜〜〜な人だと思います。理由は……だからです。 ・美月は、〜〜〜な人だと思います。理由は、……だからです。 ◇「美月がウサギだと分かるヒントを見つけて線を引き、なぜそこに線を引いたのかを説明しましょう。」 ◇「P46〜P56を読んで、物語を七つの場面に分ける時を表す言葉を書き抜きましょう。またそれぞれの場面で起きた出来事を表にまとめてみましょう。」 ◇「整理した表の出来事から大事なことを落とさないようにあらすじをまとめましょう。」「大事なこと→いつ・だれが・どうした」
7月	「ほけんだより」を読みくらべよう	読む(説明文)	◆異なる二つの対象の共通点を見付ける。【比較】 ◆一定の視点から複数のものを分析する。【分析】 ◆対象について、その対象の価値、能力妥当性などについて評価する。【評価・批判】	○「二つのほけんだよりを読んで、同じことが書かれているところに線を引き、大森先生が読む人に伝えたかったことは、どんなことかを書きましょう。」 ○「大森先生は全校児童に自分の考えを伝えるために、どんな工夫をして文章を書いているでしょう。二つのほけんだよりを次の二つの視点で比べて、表にまとめましょう。」 ①ことがらのとりしげ方　②説明の仕方

以上、述べてきたように、教科共通で育てるべき「思考の仕方」を洗い出し、具体的な単元の学習活動が該当する思考を促すものとして事前に各教科の年間指導計画のカリキュラムの視点から計画検討されることこそ、学校教育として子どもの思考力を鍛えることを実現することに他なりません。ぜひ、「思考力の育成」を学校全体の研究の取り組みとして挑戦してほしいと思います。

(4)「21世紀型能力」の育成に向けて ——教科を越えた汎用的な能力——

　現在、「生きる力」や「キー・コンピテンシー」といった生涯において必要視される教科共通の能力が盛んに取り上げられています。また、最近、インテル・マイクロソフト社などIT3社主導の国際プロジェクト「ATC21S」(「Assessment & Teaching of 21st Century Skills」) が「21世紀型スキル」を提唱しています。それは、「問題解決能力」「批判的思考力」「コミュニケーション能力」「コラボレーション（チームワーク）能力」等であり、互いの知識を出し合い、情報交換・統合し、新しい見識を練り上げるといった知の再構築をめざす授業像です。今後の世界標準の学力としてすでに世界各国の政府が取り組みを開始している「21世紀型能力」は、①他の分野にも転移できる汎用的な学力であること、②教科を越えて全教科で育てる視点が必要であること、③問題解決のあり方が問われること（「正答探し」から協働）による「見解づくり」へ、の3点が特徴として見出されます。

　子どもたちが将来生き抜いていくグローバル社会では、さまざまな思考の方法を駆使して、課題を解決していく能力が絶対に必要なのです。「決まった答えを教師が教えていく授業」だけではなく、獲得した知識・技能を活用して具体的な局面に思考・判断しながら対応していく授業も保証していかなければなりません。そのために、今後、教科内の視点だけでなく、学校教育活動全体、さらには学校種を越えて育てていくべき能力観を持つことは一層重要となるでしょう。

〈文献〉
・拙稿「価値づける言葉の多彩なレパートリーを」『心を育てる学級経営 No.291』明治図書、2009年
・濱本純逸『国語科新単元学習論』明治図書、1997年
・西郷竹彦『ものの見方・考え方 ——教育的認識論入門——』明治図書、1991年
・櫻本明美『説明的表現の授業 ——考えて書く力を育てる——』明治図書、1995年

国語科「活用」の学習
【実現に向けたチェックシート・単元編】

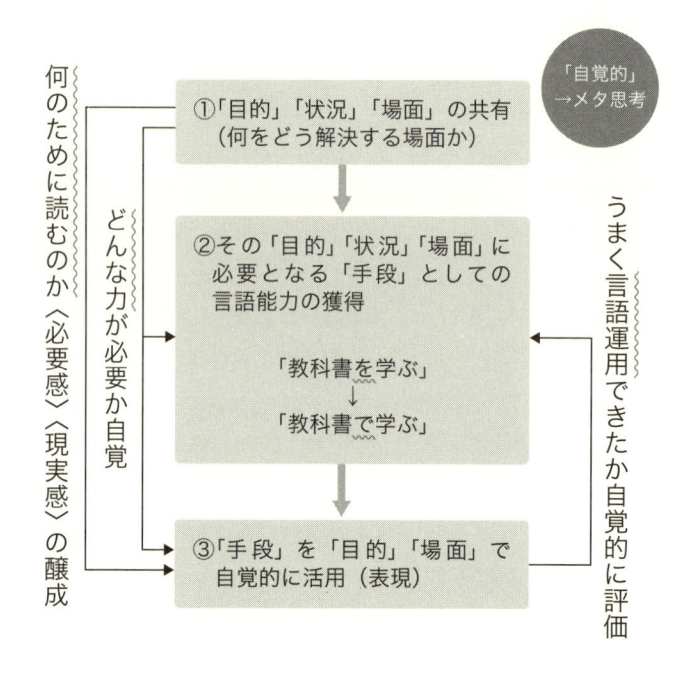

「自覚的」
→メタ思考

①「目的」「状況」「場面」の共有
（何をどう解決する場面か）

↓

②その「目的」「状況」「場面」に必要となる「手段」としての言語能力の獲得

「教科書を学ぶ」
↓
「教科書で学ぶ」

↓

③「手段」を「目的」「場面」で自覚的に活用（表現）

何のために読むのか〈必要感〉〈現実感〉の醸成

どんな力が必要か自覚

うまく言語運用できたか自覚的に評価

①第一次・・・目的となる言語活動を見通す段階
1□単元全体を貫く一連の言語活動が、子どもたちにとって魅力あるものとなっていますか？
2□子どもたちが「読みたくなる」「書きたくなる」「話したくなる」「聞きたくなる」ための工夫はありますか？
3□子どもの言語生活、読書生活がきっかけとなる（還流する）単元を考えていますか？
4□国語科指導として言語活動（2）と指導事項（1）との関係で単元構成が考えられていますか？
5□単元当初に目的となる言語活動が子どもたちに共有（ex.何のために読むのか）されていますか？
6□「精読＋発信」の単元構成にとどまっていませんか？
7□inputからoutputの過程で、思考・判断する条件は設定されていますか？
8□単元末の成果物の形式・要件を教師側が具体的に想定していますか？

②第二次・・・必要な言語能力を獲得する段階
1□第一次で共有された目的を実現するために必要な学びとして第二次が位置付いていますか？
2□教科書教材が、「手段」となる共通のモデル教材として位置付けられていますか？
3□モデル教材で学んだことが、目的の言語活動に活かされるような展開になっていますか？
4□前面掲示には、単元全体の流れが示されていますか？（学習のてびき）
5□ワークシートには、具体的な方法や視点がヒントとして示されていますか？（学習のてびき）

6□言語活動の質を問い直す活動（ex.どのように読めばよいか）が学習過程に位置付いていますか？
7□言語活動に必要な「読み方」「書き方」等が可視化されるなどによって子どもに自覚化されていますか？
8□第三次につながる並行読書が位置付いていますか？

③第三次・・・言語能力を活用して目的となる言語活動を実現する段階
1□第二次で習得した言語能力を活かした言語活動を行う場が設定されていますか？
2□表現を見合う活動を通して精緻化・修正する場が設定されていますか？
3□言語活動の成果物を、第二次で学んだ要件で相互評価していますか？
4□成果物の掲示においては言語活動に必要な要件が示されていますか？

その他
1□多読型（作者読み・ジャンル読み・テーマ読み）に対応するための図書室環境は整備されていますか？
2□年間カリキュラムの視点から、それぞれの単元をどのように扱うかが話題化されていますか？
3□授業事後研では評価規準（期待する思考を深めるすがた）に対する教師の働きが問われていますか？
4□成果物を教師間で見合うことを通して指導の改善について話題化していますか？

国語科「活用」の学習
【実現に向けたチェックシート・本時編】

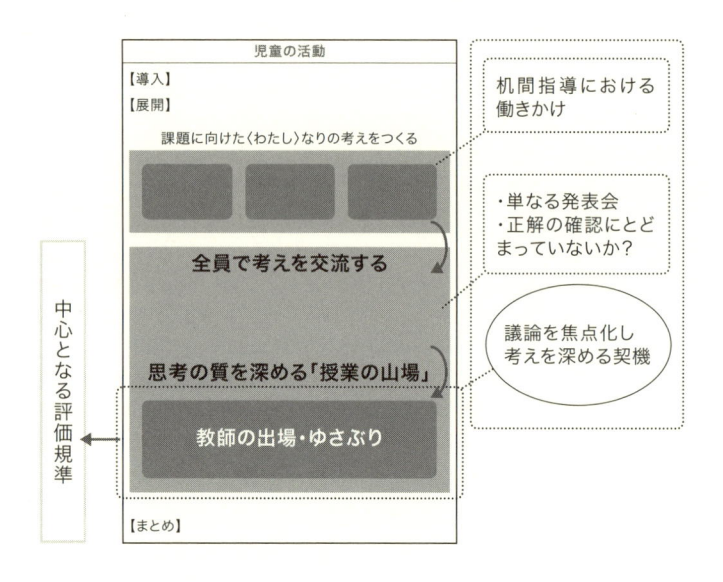

```
児童の活動
【導入】
【展開】
    課題に向けた〈わたし〉なりの考えをつくる

    全員で考えを交流する

    思考の質を深める「授業の山場」

    教師の出場・ゆさぶり

【まとめ】
```

- 机間指導における働きかけ
- ・単なる発表会
- ・正解の確認にとどまっていないか？
- 議論を焦点化し考えを深める契機

中心となる評価規準

①発問・・・「ずれ」を生み出す
1□1時間の導入段階で間口の広い課題や問いが用意されていますか？
2□正解確認型、Yes─No型、単純回答型の問いで終始していませんか？
3□問い（課題）によって、子どもの考え方の内容やその根拠に「ずれ」が生まれていますか？
4□問い（課題）がどの子にも理解できる文言になっていますか？
5□単元（言語活動）と関連していることが意識できる本時の問い（課題）になっていますか？

②ひとり学び・・・自分の考えを言語化させる
1□問い（課題）に対して、どのように自分の考えを生み出せばいいのかについての指導はありますか？
2□自分の考えをつくる「方法」や「視点」についての手がかりの提示を行っていますか？
3□教師から考えの言語化のモデル例示をしていますか？
4□「方法」や「視点」や「モデル」を、学習のてびきとして可視化していますか？
5□ひとり学びの時間を宿題にせず、学校の授業で確保していますか？

③机間指導・・・「ずれ」を見出す、見極める
1□直前の問いが子どもたちに理解できているかをとらえていますか？

2□問いが理解できていない時に方法や手順を具体化して再提示していますか？
3□全体の学習状況や考え方の傾向をとらえていますか？
4□直後の交流場面で取りあげるモデルパフォーマンスを探していますか？
5□「ファイト」「がんばれ」「しっかり」「ちゃんと」を連呼していませんか？
6□子どもに対して評価規準に照らした「評価言」を与えていますか？
7□「評価言」にはフィードフォワードの情報が含まれていますか？
8□机間指導中にとらえた情報を直後の交流場面でどのように活かすかを想定していますか？

④**かかわりの組織…「ずれ」を際立たせる**
1□個々の考えを〈子ども―教師〉だけでなく、〈子ども―子ども〉の関係でつなぐ働きをしていますか？
2□子どもの発言をオウム返しするのではなく、意味付けて返していますか（リボイス）？
3□子ども同士がかかわり合うためのきっかけを作っていますか？
4□単なる発表会に終始しないために教師から意図的な関与をしていますか？
5□グループ活動やペア学習に丸投げしていませんか？

⑤**授業の山場…「ずれ」を生かす**
1□意見交流の中で、思考を深める「授業の山場」の場面を組織していますか？
2□本時の「授業の山場」としての活動場面が特定されていますか？
3□個々の考え方の差異や共通点に論点を焦点化して議論を深める「ゆさぶり」をかけていますか？
4□「授業の山場」で期待するすがたが評価規準（程度差としてのＡとＢ）で設定されていますか？
5□評価規準が「わかりやすく」「豊かに」「工夫して」「理解している」等の抽象表現で書かれていませんか？
6□教師の支援が評価規準に対応するもの（ＣをＢに、ＢをＡに）として準備されていますか？
7□本時の開始前と終了後では子どもに新たな「分かり」や「気付き」が加わっていますか？
8□「授業の山場」で共有した価値が、単元の言語活動に有用なものとして子どもに意識されていますか？

⑥**板書…「ずれ」の価値を可視化する**
1□板書が単なる発言の「記録」になっていませんか？
2□正解だけを選別して板書していませんか？
3□個々の発言が教材の価値や子ども同士の考え方のつながりの構造の中に位置付けられていますか？
4□箇条書きに終始するのではなく、構造的な板書に心がけていますか？
5□授業終了後、この1時間で学んだことの意味が見える板書になっていますか？

その他
1□単元の目的となる言語活動と本時の学習内容が乖離していませんか？
2□本時の学習の、単元における位置や意味が「導入」の活動で共有・確認されていますか？
3□本時に学習したことの単元における価値が、「まとめ」の活動で共有・確認されていますか？
4□1時間が活動の並列になっていませんか？
5□連続した活動の流れの中で、子どもの思考が深まっていく組み立てになっていますか？

おわりに

　これまで、たくさんの授業を拝見し、子どものすがたについて先生方と語り合ってきました。その中で、一つ明らかに言えることがあります。優れた教師は必ず確かな「観」をもって子どもたちの前に立っているということです。教師として、目の前の子どもたちをどの方向に鍛え導いていくのか、それは、授業の中で本気で褒め、的確に叱り、真摯に子どもに向き合う凛としたすがたとして表れます。最近、学習指導案の「児童（生徒）観」「教材観」「指導観」を省略・簡略化する指導案を見かけることがありますが、授業に際して、「観」は自分の言葉で書ききる、最後まで述べきるということが「教えるプロ」としてあるべき教師のすがたではないかと思います。授業実践を通して自分なりの確かな「観」を形成していくことが教師として成長するということなのです。

　さて、本書で述べてきた、「単元」から授業をデザインする考え方は、単なる「方法」や「技術」にとどまるものではなく、むしろ、授業で教師が目の前の子どもとどう向き合うのかという「観」であり、教える立場としての「哲学」となるものです。それを具現化する場が「単元」であるということです。本書で述べた内容の底流にある「観」を心に留めて、読者の皆さんも価値ある新しい学びの場を子どもたちに提供していただきたいと思います。

　末筆ながら、本書が刊行できましたのは、きめ細やかなご配慮をいただいた文溪堂編集部の佐伯睦司さん、現場に還流する研究の構えについてご助言や励ましをいただいている加藤明先生、国語科実践のあり方を共に学び合う「授業実践を研究する会」の仲間の先生方のおかげであります。深く感謝いたします。

　　　　　　　　　　　　　　　　　　　平成26年5月　　　勝見　健史

著者紹介

勝見　健史（かつみ・けんじ）

1963年神戸市生まれ。兵庫県、神戸市の公立小学校に勤務した後、1992年神戸大学発達科学部附属住吉小学校（研究主任、国語科主任）、2005年京都ノートルダム女子大学心理学部心理学科学校心理専攻助教授、2009年兵庫教育大学大学院学校教育研究科教育実践高度化専攻准教授、教授、現在に至る。（専門は国語科教育学、教育方法学）。文部省検定教科書「国語」編集委員（東京書籍）。

【主な著書・論文】

「大村はまの指導観に学ぶ―『仏様の指』としての学習のてびき―」（2014）、「単元全体を一連の言語活動に―『実の場』としての国語科単元デザインの方法―」（2012）、「学びをメタ思考する言葉を育てる」（2010）、「言葉を通して思考力を鍛える―関係づけて読む思考を通して―」（2009）、「教師の専門的力量を高める授業研究のあり方」（2008）（以上『教育フォーラム』金子書房）、『小学校通知票記入文例集』共著（2011）、『各教科等での『見通し・振り返り』学習活動の充実』共著（2010）（以上、教育開発研究所）、『実践教育評価事典』共著（2004）（文溪堂）、『『総合的な学習』の授業評価法』共著（2003）（東洋館出版）、「小学校教師の「鑑識眼」に関する一考察―熟達教師と若手教師の授業解釈の差異性に着目して―」（2013）、「言語力の育成を具現化する単元組織の方法と課題」（2009）（以上、『学校教育研究』日本学校教育学会）、「ポートフォリオ評価における『学びの事実をメタ認知する活動』」（2013）、「言語活動の質を支える『鑑識眼』」（2007）（以上、『国語教育研究』（日本国語教育学会）、「『PISA型読解力』育成のための複数映像教材の活用方法に関する研究」（2008（『教材学研究』日本教材学会）、など多数。

『活用』の授業で鍛える国語学力　〜単元・本時デザインの具体的方法〜

2014年6月　第1刷発行

著　者　勝見　健史

発行者　川元　行雄

発行所　株式会社 文溪堂

　　　　［東京本社］東京都文京区大塚3-16-12　〒112-8635
　　　　　　　　　　TEL 03-5976-1311（代）
　　　　［岐阜本社］岐阜県羽島市江吉良町江7-1　〒501-6297
　　　　　　　　　　TEL 058-398-1111（代）
　　　　［大阪支社］大阪府東大阪市今米2-7-24　〒578-0903
　　　　　　　　　　TEL 072-966-2111（代）
　　　　ぶんけいホームページ　http://www.bunkei.co.jp/

印刷・製本　サンメッセ株式会社 / 編集協力　株式会社イシュー

Ⓒ 2014 Kenji Katsumi. Printed in Japan
ISBN 978-4-7999-0092-5　NDC375　112P 210mm×148mm
定価はカバーに表示してあります。
落丁本・乱丁本はお取り替えいたします。

BOOKS
教育の泉

「BOOKS教育の泉」の刊行にあたって

　いま私たちを取り巻く社会は間断なく変化し、急激に進歩しています。その変化には、目を見張るものがあります。このことは、社会に存在している学校においても例外ではありません。学校は、良いにつけ悪いにつけ社会から様々な影響を受け、社会の変化や要請に応じて変わらなければならない状況にあります。

　その際重要なことは、各学校や先生方が確かな知識や情報などにもとづいて適切に判断し、質的な向上を目指して教育活動が展開されることではないでしょうか。このことによって、学校が子どもたちにはもとより、保護者や地域から信頼されるようになると考えます。

　教職という仕事には、将来の社会の担い手を育てるという重要な役割があります。「BOOKS教育の泉」は、こうした重要な仕事に携わっている先生方が自信と誇りをもって教育にあたることができるよう、そのための有益な情報を提供することを意図して刊行するものです。

　「泉」には、美しい水が絶え間なくこんこんと湧き出てくるイメージがあります。生きる物にとって命をつなげるものです。弊社では社会の変化に対応しつつ、教育や授業に関する新鮮で役に立つ情報を提供し、先生方の教育活動をサポートしていきたいと考えています。

2011年9月

株式会社　文溪堂